RECUERDA...YO ESTOY CONTIGO

Recuerda...
YO Estoy contigo

UN MENSAJE DE DIOS

Rosa Díaz

PALMETTO
PUBLISHING
Charleston, SC
www.PalmettoPublishing.com

Marca registrada © 2024 por Rosa Díaz

Todos los derechos reservados

Ninguna parte de este libro puede ser reproducida, almacenada en un sistema de recuperación de datos o transmitida de ninguna forma por ningún medio -electrónico, mecánico, fotocopia, grabación u otros- excepto breves citas en reseñas impresas, sin permiso previo del autor.

Tapa Blanda ISBN: 979-8-8229-4040-6

AGRADECIMIENTOS

Para Lesley y Paul, mis regalos del cielo:
No podemos volver el tiempo atrás, ni reescribir nuestra historia. Cómo me gustaría poder hacerlo. Lo que sí podemos hacer es tomar el control de los capítulos restantes. A lo largo de este proceso, ustedes fueron mi inspiración cuando me preguntaba si tenía algo valioso que compartir. Aprendí muchas lecciones importantes que desearía haber conocido desde el principio. Éstas son las que más sobresalen, y espero que les sean útiles. Poner a Dios en primer lugar es lo ideal, pero como bien saben, no siempre fue así en mi caso. Afortunadamente, siempre hay un antes y un después en nuestras vidas; puedo decir con certeza que si Dios está en el después, estarán bien. No olviden buscar las bendiciones ocultas en los retos, el dolor y el sufrimiento. Y recuerden ver la vida a través del lente de Dios; es la única manera de entender que es un regalo precioso lleno de posibilidades ilimitadas. Y por último, nunca es demasiado tarde para aprender y practicar el verdadero significado del perdón y del amor incondicional. Los amo y estoy muy orgullosa de ser su mamá.

Para Myles:
Desde el momento en que naciste, te convertiste en mi inspiración para todas las cosas buenas. La primera vez que te miré, me di cuenta de lo que es el amor incondicional. Eres mi rayo de sol en los días nublados y mi persona favorita en todo el mundo. Recuerda que tu superpoder proviene de ser hijo del Dios todopoderoso. Myles, ¡eres el capitán de mi corazón y mi superhéroe favorito! Te amo.

A mis padres, familia y amistades:

Mamá, eres mi ejemplo de positividad, perseverancia y resiliencia. También eres una de las personas más amables y cariñosas que conozco. Gracias por hacer de tu familia una prioridad. Papá, gracias por elegirme para ser tu hija. Te agradezco que entraras en mi vida y que siempre me has querido y protegido. Todo el mundo debería tener personas tan maravillosas, cariñosas y comprensivas. Qué bendición son todos ustedes. Gracias por su paciencia, apoyo e increíble amabilidad, especialmente durante mis momentos más oscuros, y por formar parte del viaje de mi vida. Ninguna conexión carecía de propósito, y les agradezco que hayan desempeñado un papel en mi crecimiento; no estaría aquí sin ustedes. Independientemente de que fuera a largo plazo o por un momento, ahora entiendo que nunca se trató de la cantidad de tiempo, sino de las lecciones que debemos aprender los unos de los otros. Cuenten conmigo, igual como yo cuento con ustedes. Que el Señor los bendiga a todos.

"En memoria de mi entrañable amiga"

Angélica, fuiste la primera a la que le leí mis primeras páginas, y aún recuerdo lo emocionada que estabas. Lo logré, al fin terminé; tú siempre creíste en mí. Como desearía que aún estuvieras aquí para ver y leer el libro. Sé que estarías muy orgullosa porque siempre lo estuviste. Te quiero y te extraño por siempre mi querida amiga.

Para Renee:

Eres la mensajera que Dios eligió para que me entregara el mensaje. Todo comenzó con tu corazón obediente. En ese momento, ambas estábamos confundidas; nunca imaginamos que el plan de Dios era que esas siete frases se convirtieran en un poderoso recordatorio de

Su amor y redención. Gracias por escuchar Su voz. Tu llamada telefónica ese sábado por la mañana cambió mi vida, y está a punto de cambiar la de muchas personas más. Que Dios te bendiga.

Para Víctor:
*   Hay momentos excepcionales en nuestras vidas en los que todo se pone en su sitio sin esfuerzo. Tu presencia en el momento oportuno confirma que Dios tiene un plan perfecto para todos nosotros. Sin lugar a duda, Jesús es el mejor intermediario. Estoy agradecida de que estés presente en mi vida y también por tu valiosa contribución en la traducción del libro.*

Finalmente, aunque no menos importante, a todos los que siguen atrapados en un lugar que se supone debería ser seguro, les recuerdo que no están solos. Que este mensaje les motive y les dé esperanza para hacer los cambios necesarios en su vida. Que les sirva de guía para encontrar respuestas y emprender el camino de la sanación.

Porque yo soy el Señor tu Dios, que sostiene tu mano derecha y te dice: No temas, yo te ayudaré.

—*Isaías 41:13 NVI*

Después de un largo viaje, por fin hemos llegado a nuestro destino. Irónicamente, me faltan palabras para expresar mi gratitud, pero seguiré intentándolo hasta mi último aliento. Me consuela saber que Tú sabes lo agradecida que estoy. A medida que avanzaba la redacción, dudaba en compartir mi vida pecaminosa, llena de innumerables errores. Sin embargo, encontré consuelo al saber que Tú pagaste el precio en la cruz por una pecadora como yo, y fue entonces cuando decidí que nada de lo que Tú me pidas jamás estará fuera de mi alcance. Gracias por derramar tu gracia en mi a pesar de mis imperfecciones, y por recordarme que merezco el perdón y el amor incondicional. Me siento humildemente honrada de que Tú me hayas elegido e inspirado para escribir este libro. Te doy todo el reconocimiento porque yo solamente soy el instrumento que escribió las palabras. Después de todo, Tú y yo sabemos quién es el auténtico autor. Jesús, te agradezco que me hayas acompañado, no únicamente durante el proceso de escribir este libro, sino a lo largo de toda mi vida. Que Tu Espíritu, que inspiró cada palabra de este libro, sea percibido por todos los que buscan sanar. Dedico mi vida y este libro a Ti, que eres todo para mí. Ha llegado el tiempo de compartir el camino que conduce de nuevo a Ti

Él sana a los quebrantados de corazón. Y venda sus heridas.

- Salmo 147:3, RVR 1960

Nota del autor.

Tu presencia aquí no es una coincidencia, es parte esencial del extraordinario plan que Dios tiene para tu vida. Al leer estas palabras, debes saber que son un mensaje enviado por Dios. Cree con certeza que todos tenemos un rol específico en Su gran diseño. Escribir este libro me llevó años de perseverancia, pero siempre confié en el tiempo perfecto de Dios. Cada capítulo de este libro aborda las cinco emociones que nos impiden conectar con nuestro Creador.

A petición del Señor, estoy compartiendo una versión inédita de mi historia. Al principio, dudé porque me faltaba valor y temía exponer los acontecimientos vergonzosos de mi vida. Sin embargo, Dios me recordó que, desde el principio de los tiempos, los seres humanos hemos tenido dificultades para admitir nuestros errores y siempre hemos recurrido a la práctica de culpar a los demás de nuestros problemas. Dios ordenó a Adán y Eva que evitaran comer el fruto de un árbol específico, pero fueron tentados y comieron. Como resultado de sus acciones, se dieron cuenta de que estaban desnudos. Tratando de ocultar su desobediencia, cosieron hojas de higuera para cubrirse. Aunque Dios sabía lo que había ocurrido en el jardín, le dio a Adán la oportunidad de admitir su desobediencia y asumir la responsabilidad de sus decisiones. En cambio, Adán culpó a Dios, y Eva culpó a la serpiente por engañarla.

A partir de ese momento, heredamos la práctica de culpar a los demás, que resulta en nuestra desconexión de Dios. En este mensaje, Dios nos recuerda Su gracia y nos invita a acercarnos a Él exponiéndole nuestra naturaleza pecaminosa e imperfecta. Nuestro Creador nos ha dado libre albedrío, y espera pacientemente que volvamos a Él. Él planea sanar lo que hemos intentado ocultarle.

Recuerda que el Señor conoce tus imperfecciones y que la perfección sólo le pertenece a Él. Tu historia es única, y tus desafíos, batallas y dolor son reales. Eres un hijo del Dios todopoderoso digno de amor y perdón. No dejes que nadie te diga lo contrario. Todos estamos rotos y necesitamos ser restaurados. La salvación es un don a tu disposición. Eres salvo por gracia; Jesús pagó el precio. Sin embargo, para recibir el regalo supremo, debes elegir regresar a casa. Es hora de quitarte las hojas de higuera, asumir la responsabilidad de tus actos y volver a conectar con tu Creador. Que estas palabras te inspiren a confiar en el plan de Dios y a vivir una vida plena y con un propósito definido.

CONTENIDO

	Introducción	**1**
1.	Has olvidado de dónde vienes. **Pertenecer**	**9**
2.	Vives con miedo todos los días de tu vida. De ahí viene tu ira. **Valor**	**31**
3.	Quiero que vayas a la cima de la montaña, y allí te encontraré. **Fe**	**47**
4.	Temes ser abandonado, yo no te abandonaré. Nunca te abandonaré. **Promesa**	**69**
5.	YO soy un Dios justo. **Amor**	**85**
6.	Te guiaré y te liberaré del pasado; debes de confiar en mí. **Esperanza**	**105**
7.	Ama a los demás como Yo te he amado. **Agradecimiento**	**125**

Introducción

¿Alguna vez te has preguntado que tan obediente serías si Dios te pidiera que hicieras algo por Él? Si tu respuesta es no, coincidimos en ese aspecto. Desde que era pequeña, creía en Dios y sentía que Él siempre estaba cerca. Cuando era adolescente, un día iba de regreso a casa y un desconocido se me acercó y me entregó un folleto con imágenes y escrituras que advertían sobre el "final de los tiempos". Me quedé intrigada y empecé a creer que "el cielo y el infierno" eran destinos reales. Lo que recuerdo del folleto es que mostraba a Dios sentado en su trono, a la espera de dictar sentencia. Al ver esa imagen me entró miedo y me convencí de que, aunque me amaba, sería severo el día del juicio. Comprendí que eventualmente tendría que responder por mis malas decisiones y mi mal comportamiento. Con el paso del tiempo, mi convicción de que Él siempre estaba cerca nunca cesó. Tenía una sensación de paz y confianza porque había elegido creer en Dios. Siempre he intentado hacer lo correcto. Todo lo que deseaba era vivir una vida que le complaciera a Él.

Hace unos años, aprendí que existe una diferencia entre elegir y ser elegido. Dios me mostro la diferencia un sábado por la mañana, cuando recibí una llamada inesperada de una amiga a la que no había visto ni con la que había hablado en más de tres años; nunca pude anticipar lo que sucedería. Me preguntó amablemente si podía venir a visitarme. Le contesté: "Por supuesto". Ella dijo: "Voy en camino". Todo lo que pude decir fue: "¡Me parece estupendo! Hasta pronto". Siempre disfruto de las visitas, pero me gusta prepararme antes de su llegada. Me aseguro de que la casa esté en orden, que las velas estén encendidas, emitiendo un aroma acogedor, y que el pedestal para pasteles sobre la isla de mi cocina contenga un postre casero. Así que me extrañó que acepte rápidamente. Quizá porque no me dio otra opción. Ella vivía a una hora de distancia, y ese tiempo fue el que transcurrió cuando sonó el timbre. Mi familia estaba en casa. Todos estábamos emocionados al verla. Después de saludarla, ellos se fueron.

Una vez a solas, conversamos un poco y me dijo: "Has de estar sorprendida que te haya llamado". Le dije que estaba encantada de verla, pero que también sentí curiosidad por la urgencia, ya que se presentó en una hora. Nos sentamos en la sala y me dijo: "Sé que esto puede sonarte extraño, pero estoy aquí porque Dios me ha enviado para entregarte un mensaje, ¿Me crees?"

"Sí", le respondí, pero en el fondo tenía mis dudas. No se lo confesé ya que había conducido una hora para verme.

INTRODUCCIÓN

Ella mencionó que Dios le había hecho la misma petición en Abril de ese año, pero ella lo ignoró; ya era Septiembre. Ella dijo: "He estado despierta desde las 4:00 a.m., y una vez más, el Señor me ha pedido que venga a verte; me resistí porque, obviamente, no estaba segura de lo que te diría. Pero decidí obedecer Su petición. Comencé a conducir, y a medida que Él me daba tu mensaje, me detenía para escribirlo. Lo único que disponía era de este bloc de notas de un hotel". Me mostró la nota; constaba de siete frases. "No estoy segura si esto signifique algo para ti, pero lo escribí palabra por palabra". Hizo una oración, y al instante sentí la innegable presencia del Señor.

Después de leer la primera frase, me preguntó si tenía algún significado. Le dije que necesitaba fortalecer mi conexión con Dios; esto podría ser un recordatorio. Ella continuó, y al escuchar la segunda frase, no tuve ninguna duda de que el mensaje estaba destinado para mi. Terminó de leer el resto del mensaje y me entregó los tres trozos de papel que contenían lo que yo ya creía era un mensaje de Dios. Empecé a llorar y surgieron muchas dudas en mi mente, pero ella me dijo: "Lo siento, no tengo nada más que compartir contigo. Lo único que me ha pedido es que te lo entregara hoy". Le di las gracias y nos despedimos.

Yo estaba atónita y confundida. Llamé a mi hermana para contarle lo sucedido; ella me preguntó: "¿Te das cuenta de lo especial que eres para que Dios se haya tomado la molestia de enviarte un mensaje escrito?". Siempre he creído que soy especial y que tengo un propósito específico que cumplir. Y ahora sé que esto es cierto para todos nosotros.

Sin embargo, sentirme especial se había convertido en un recuerdo lejano a estas alturas de mi vida. Mientras sostenía la nota que contiene estas siete frases, comprendí que mi hermana tenía razón, porque me sentí especial al recibir un mensaje de Dios. Ya a solas, con cúmulo de emociones, le pregunté, ¿Por qué yo? Descubrir el motivo y el significado del mensaje, se convirtió en una pregunta sin respuesta por los próximos siete años. Si les soy sincera, mi vida no resultó como yo había esperado o soñado; por lo general, es habitual que nuestras vidas resulten diferentes. Me encuentro sola después de haber pasado treinta y cinco años con mi pareja. Éramos novios desde que teníamos quince años. A pesar de lo jóvenes e inmaduros que éramos, desarrollamos un fuerte vínculo. No era la relación más sana, pero fue lo único que conocí. Como todas las parejas, compartimos momentos felices y vivimos muchos momentos difíciles a lo largo de los años.

Experimente episodios de ansiedad y depresión y en algunos momentos, aunque me apena mencionarlo y admitirlo, llegue a contemplar el suicidio. En nuestra relación aprendí muchas lecciones difíciles, pero aun así fue duro aceptar el fracaso. He vivido con mucho remordimiento. Estas emociones borraron mi valor como persona. A menudo intentaba conectar con Dios, pero ya no podía sentir su presencia porque estaba convencida de que le había decepcionado y de que Él

INTRODUCCIÓN

también me había abandonado. Me sentía rota, totalmente irreparable. La noche que recuerdo como la más oscura de todas, decidí invocar a Dios por última vez. Fue la decisión más sabia, ya que el dolor abrumador había eliminado mis deseos de vivir. Me avergüenza admitirlo, pero aquella noche tenía planeado acabar con mi vida. Mientras luchaba por encontrar una razón para seguir adelante, recordé que, desde niña, estaba segura de que existía un motivo específico por el cual Dios me había creado. Sintiéndome perdida y sin esperanza, clamé a Él, suplicándole que me ayudara y me salvara. Le dije: "Jesús, sé que tienes un propósito específico para mi vida, y necesito que me lo muestres porque no lo he descubierto, y no quiero morir antes de cumplir aquello para lo que me creaste". Recuerdo que oré con todo mi corazón y toda mi alma; no esperaba una respuesta tan pronto como la obtuve. Había llegado el tiempo de que Dios me revelara el significado de la primera frase.

Al día siguiente, salí a dar un paseo, y el pensamiento "escribe un libro" me surgió como una idea. Pensando que era extraño, seguí caminando, pero empecé a ver las palabras, estaban en letra cursiva y minúsculas. A medida que avanzaba el día, la imagen no cesaba. Una vez más, llamé a mi hermana. Le conté lo que estaba pasando y ella me preguntó: "¿Alguna vez se te ha ocurrido escribir un libro?"

Me causó risa y le dije: "¡No! ¿Estás bromeando? Apenas me gusta leer; ¿por qué se me ocurriría escribir un libro?"

Entonces dijo: "Bueno, si le pediste al Señor que te revelara tu propósito, tal vez esto sea parte de él. Sigue orando".

Comencé a consultar a una terapeuta en México y viajaba una vez por semana para reunirme con ella. Mientras conducía hacia allá al día siguiente, me fastidiaba ver el mensaje como una pancarta a través de una pantalla de televisión anunciando: "Noticias de última hora". Le pregunte a Dios: "Aunque pudiera escribir un libro, ¿qué quieres que escriba? ¿Por qué me pides a mí que escriba un libro?". Pasaron unos minutos, y percibí siete capítulos y pensé qué sonaba como un libro corto. En ese instante, recordé que la nota que Él me había enviado tenía siete frases. Me emocioné porque por fin todo comenzaba a tener sentido; pensé que sería fácil escribir este libro, pero no sabía la gran sorpresa que me esperaba. Cuando volví a casa, recogí inmediatamente la nota. La leí una y otra vez. Cada frase me dejaba más preguntas que respuestas. Le dije: "Esto no tiene ningún sentido", pero llegué a descubrir, que Dios planeaba enseñarme aquello que yo carecía: la paciencia y el verdadero significado de tener fe.

Escribir un libro era algo que nunca había considerado. Por lo tanto, debo revelar que antes de recibir este mensaje y petición, mi experiencia como escritora era cuando mucho un par de frases en una tarjeta de felicitación. Lo último que me hubiera imaginado es escribir acerca de mis experiencias personales y vergonzosas. Tampoco tenía intención de abrir el baúl de los recuerdos y revivir mi pasado, pero eso era en parte

INTRODUCCIÓN

el plan de Dios; Él quería que reflexionara sobre todo lo que había vivido. Este proceso me llevó a lugares oscuros y sacó a la luz recuerdos de experiencias que había enterrado profundamente. Ahora debo permitir que los recuerdos no tan gratos resurjan. La verdad es que, aun creyendo en Dios y tratando de hacer lo correcto, cometí muchos errores que resultaron en varios fracasos en mi vida. Mi historia no tuvo un final "felices para siempre". El dolor abrumador y la culpa por la pérdida de mi relación fueron una carga muy pesada.

Cuando empecé a reflexionar sobre tantas experiencias que alteraron mi vida, todas ellas con la intención de revelarme lecciones que necesitaba aprender, fue inevitable sentir vergüenza y decepción. Recordé las preguntas que me había hecho hace muchos años. ¿Por qué me desconecté de Dios?, ¿por qué me he traicionado a mí misma?, ¿podría compensar el dolor y la preocupación que causé a mis seres queridos? Fue entonces cuando me di cuenta de que el mensaje que recibí contiene el propósito que Dios tiene para mi vida. En ese momento empecé a entender por qué me envió el mensaje, su significado y la razón por la que me eligió. Hace siete años, Dios ya sabía que pronto le suplicaría que me rescatara de la situación en que me encontraba. Su plan era que yo consultara la nota y descubriera el poderoso mensaje para encontrar de nuevo el camino que conduce hacia Él. Había llegado el momento de rendirme a Él. Dios estaba a punto de revelarme el significado de su amor incondicional. En ese mes de Septiembre Él se tomó el tiempo de enviarme un hermoso mensaje de que nunca se había olvidado de mi; Él me dijo: "Recuerda, YO Estoy Contigo".

CAPITULO 1

Pertenecer

Has olvidado de dónde vienes.

No temas, que yo te he redimido; te he llamado por tu nombre; mío eres tú.

— *Isaías 43:1 NKJV*

Recibí mi mensaje en un momento en que "aparentemente" todo estaba bien en mi vida. Pero me di cuenta, de que usualmente ponía a Dios en un segundo plano cuando las cosas iban bien y tenía todo lo que necesitaba. Desgraciadamente, esto es algo habitual en muchos de nosotros. Mi pareja y yo comenzamos nuestra vida juntos, con esperanza, sueños y la determinación de alcanzar nuestras metas. Empezamos alquilando un apartamento, compramos una casa pequeña y, finalmente, compramos la casa de nuestros sueños. La mayoría de nosotros pensamos que el "éxito" está relacionado con posesiones materiales; ahora sé que esta definición es incorrecta. Vivíamos en una hermosa casa con nuestros hijos maravillosos y sanos, y ambos disponíamos de negocios prósperos. Parecía que habíamos llegado a la intersección del éxito. Finalmente estábamos cosechando los frutos de años de sacrificio y dedicación a nuestro trabajo. Aparentemente, teníamos una vida exitosa. Excepto que nunca nadie sabe lo que ocurre a puerta cerrada.

De niña, pasaba incontables horas dibujando la casa de mis sueños. De adulta, me di cuenta de que en ciertas áreas de mi vida, mi realidad había superado mis sueños de la infancia y, en otras, viví experiencias que jamás habría imaginado. Hay dos cosas que nunca he dudado: Dios existe, y me ha llenado de bendiciones. Mi madre fue criada en la religión católica, pero exploró diferentes denominaciones; todas proclamaban ser "la religión elegida". Recuerdo haberle dicho a Dios a esa temprana edad que estaba confundida. No sabía cual de ellas elegir. Lo único que deseaba era estar con Él cuando yo muriera. En retrospectiva, el tener conciencia de que Dios existe avivó mi interés por acercarme a Él y aprender sus enseñanzas. Aunque no soy religiosa, siempre me sentí protegida por Él. Eso no ha cambiado hasta el día de hoy, ya que es con Él con quien hablo a diario. Últimamente, con más frecuencia que antes, sobre todo por la noche, cuando no puedo dormir porque me despierta para escribir. Sé que Dios es todo lo que necesito porque, sin lugar a duda, creo que Él es el camino, la verdad y la vida, como afirma la Biblia.

Nací en Agua Prieta, Sonora, que es la frontera con Douglas, Arizona. Mis padres se casaron a consecuencia de mi nacimiento. Mi hermana nació un año y medio después. Se divorciaron cuando yo tenía tres años. Después del divorcio, mi padre decidió no formar parte de nuestras vidas, y yo siempre me refería a él por su primer nombre. Mi abuelo materno vivía con nosotros y estábamos muy apegados a él. Fue una bendición porque fue como un padre para mí hasta que falleció cuando yo tenía dieciocho años, lo cual fue una pérdida muy grande. Mi madre se volvió a casar un par de años después de haberse divorciado. Aunque al principio estaba celosa de que mi padrastro recibiera su atención, con el tiempo llegué a sentir aprecio y cariño por el, y se convirtió en mi padre. Tuvieron dos hijos y así se completó nuestra familia. Tuve una crianza muy humilde. Vivíamos en una casa pequeña con las necesidades básicas, muebles sencillos, nada lujoso. Mis padres se esforzaron mucho para proporcionarnos un hogar cómodo. Siempre teníamos todo lo que necesitábamos y, de vez en cuando, algunas cosas que queríamos.

Durante aquellos años, solía ser rebelde y me irritaba con facilidad, lo cual siempre sale a relucir cuando reflexiono sobre esa época. Frecuentemente discutía con mi madre y le faltaba al respeto. Mi personalidad es fuerte y persistente, siempre lista para un debate, y las personas cercanas a mí dicen que estos rasgos son muy notorios y continúan hasta el día de hoy. Lamentablemente, descargaba mi frustración con mi madre. Hasta hace poco me di cuenta de lo mucho que me afectó el divorcio de mis padres. Puede que inconscientemente haya culpado a mi mamá por la ausencia de mi padre, ya que era más fácil hacer eso, que enfrentar la realidad de que mi padre decidió no formar parte de mi vida.

Aparte de eso, mi infancia fue bastante común. Era una niña normal que discutía a menudo con mis hermanos y tomaba dinero a escondidas para comprar dulces. Desde muy temprana edad fui responsable y comprendí que mis actos traerían consecuencias. Me volví muy precavida con lo que hacía, pero desafortunadamente no ocurrió lo mismo con mi manera de expresarme. A pesar de ello, desarrollé bastante autocontrol para no cometer ofensas más graves que las mencionadas anteriormente. Mi padre biológico casi no mostró interés en nosotros después del divorcio. Se casó un par de veces más, y como resultado tengo tres hermanos y una hermana menor. Aunque mi padrastro, al que me refiero como papá, es una bendición, su compromiso con mi hermana y conmigo hizo más difícil justificar el desapego de mi padre. Me costaba trabajo entender cómo un perfecto desconocido que entró en mi vida estaba dispuesto a asumir la responsabilidad y el papel que mi padre biológico nunca quiso desempeñar.

Crecer sin un padre biológico puede afectar profundamente la vida de un niño, y los síntomas no siempre son evidentes de inmediato. Experimenté una serie de emociones, como ira, miedo al abandono, inseguridad y bajo auto estima, emociones que han persistido a lo largo de mi vida. Mostraba rasgos de codependencia, buscando constantemente la aceptación y la aprobación de los demás mientras ponía las necesidades de otros por encima de las mías. Sin embargo, decidí actuar de forma responsable y nunca me valí de la ausencia de mi padre como excusa para portarme mal. Mi mayor deseo era que, si mi padre algún día se interesaba en mí, se diera cuenta de que era una buena persona y deseara establecer una relación conmigo. Por eso me esforzaba mucho en la escuela, siempre me sentaba enfrente para evitar problemas y obtenía excelentes calificaciones.

Además, ayudaba a cuidar de mis hermanos y a mi abuelo. Sin embargo, a pesar de todos mis esfuerzos, mi padre no daba señales de estar interesado en establecer una relación conmigo. Como consecuencia, empecé a sentir enojo y resentimiento. Nuestra familia se mudó a Chandler, Arizona, durante mi tercer año de primaria. Por causa de esta experiencia, tuvimos que enfrentarnos a numerosos retos, desde vivir allí ilegalmente hasta la barrera del idioma; sentía como si no tuviese un sentido de pertenencia. A mis hermanos y a mí nos hostigaban por no vestir bien y por no saber el idioma. Fue un reto pasar de ser una de las más destacadas de la clase a estar sentada en un aula sin tener idea de lo que decían los demás.

Encontré consuelo en las matemáticas, ya que en México comenzaban a enseñar matemáticas avanzadas en grados más bajos; siempre destaqué en esta materia. Con el tiempo, llegué a dominar el inglés y recibí múltiples reconocimientos por mi rendimiento académico. Desgraciadamente, mi padrastro perdió su trabajo en la empresa agrícola y pronto nos mudaríamos de nuevo. Yo siempre quise regresar a México; era mi hogar. Desde que nos mudamos a Estados Unidos, me sentía como una intrusa; quería volver al lugar al que sabía que pertenecía. Cuando mi padre perdió su trabajo, tuvo dificultades para encontrar otro. Desde entonces sé lo difícil que es la situación de los trabajadores indocumentados. Mis padres querían brindarnos más oportunidades y aún estaban decidiendo si nos quedaríamos en Estados Unidos.

Al poco tiempo, encontraron un trabajo de jardinería. Yo sabía que pasaban apuros económicos y les supliqué que me consiguieran trabajo para ayudarles. En esa época era fácil, contrataban a todos aquellos que pudieran desempeñar el trabajo. Me contrataron; solo tenía doce años. Trabajábamos en un clima muy caluroso. Un día me sentí mareada y casi me desmayé; estaba deshidratada. Mi hermana me sustituyó al día siguiente y yo me quedé en casa para recuperarme. El vecino de al lado era amigo de mis padres y, como no tenía teléfono en casa, a menudo recibía llamadas en la nuestra. Aquella mañana recibí una llamada para nuestro vecino; le avisé y continué con mis quehaceres mientras él hablaba por teléfono. Una vez que colgó, encendió un cigarrillo y empezó a entablar conversación. Mientras estaba allí de pie, me sentí mareada y perdí el equilibrio; él se levantó rápidamente para ayudarme, preguntándome qué me pasaba. Le expliqué la razón por la que me quedé en casa ese día y me preguntó si teníamos alcohol. Me dirigí al baño, pero me sentí incómoda cuando me siguió. Volvimos a la sala y se echó alcohol en las manos para que lo oliera. Luego me frotó el cuello e intentó meterme la mano por la blusa y besarme. Yo estaba aterrorizada. Hasta el día de hoy, no tengo ni idea de cómo fui capaz de empujarle tan fuerte, que cayó en una esquina de la sala.

No puedo explicar de dónde saqué la fuerza, pero estoy segura de que fue por intervención divina. Dios me estaba protegiendo. Cuando mis padres llegaron a casa del trabajo y se enteraron de lo que había pasado, se molestaron mucho. Mi padre estaba tan furioso que fue a buscarlo a su casa, pero el cobarde había huido y nunca volvió. No volvimos a verle. Mis padres me preguntaron qué quería hacer y les dije que debíamos volver a México. No llamaron a la policía; tenían miedo de meterse en problemas, ya que vivíamos allí ilegalmente. En un par de semanas estábamos de vuelta en México. Cuando nos mudamos a Estados Unidos, mi abuelo se había quedado en Agua Prieta y yo estaba triste porque estaba solo. Le echaba mucho de menos; me sentí más tranquila al regresar a casa. En cuanto llegamos, quedó claro que sería un reto para todos. Teníamos mucho trabajo para ponernos al día con respecto a la escuela. Al mismo tiempo, mis padres luchaban por salir adelante. Me sentía muy culpable por este cambio. Ellos nunca me culparon, pero yo me culpaba porque pensaba que había hecho algo malo que provocó el incidente. Lo único que quería era olvidarlo. Me volví demasiado precavida y comencé a cuestionar las intenciones de la gente.

Tras nuestro regreso a México, mi padre biológico intentó acercarse. Parecía que había cambiado de manera de pensar. Todos los días pasaba por nuestra escuela con la esperanza de hablar con nosotras. Pero nosotras no teníamos ningún interés en verlo. Recuerdo que conducía una vieja camioneta Chevy de color marrón, lo que hacía muy fácil identificarlo. Nos escondíamos hasta que considerábamos prudente no cruzarnos con él. Entonces, un día, él debió imaginarse que estábamos evitándolo, así que se ocultó hasta que nos vio salir. Nos dijo que quería conocernos y comprarnos lo que necesitáramos. Mi hermana era un poco más comprensiva. A mí, en cambio, no me interesaba. Lo rechacé y le dije que mi padrastro a quien yo consideraba mi padre, siempre se había ocupado de nosotras y que no se molestara ya que hacía años que no nos veía. Me dolió y me enfureció que ignorara que lo único que yo necesitaba era que me pidiera una disculpa y me dijera que me quería y que le importaba. No me impresionaron sus intentos de comprar mi afecto. A pesar de estar dolida y decepcionada porque mi padre me había abandonado, seguí comprometida con mis valores y procuré no meterme en problemas.

En mi adolescencia era muy ingenua y tranquila. Me gustaba estar en casa con mis hermanos y jugar con mis muñecas. Un sábado por la mañana fuimos a visitar a nuestras primas en Douglas, al otro lado de la frontera. Después de estar allí un rato, me enseñaron un anuario y me pidieron que mirara a los chicos guapos, pero no me interesó. Más tarde, entré en la habitación y abrí el anuario escolar que habían dejado sobre la cama. Mis ojos se fijaron en un chico guapo con unos adorables hoyuelos. Le pregunté a mi prima por él y me dijo que iba a la escuela con mi prima mayor. Sin que yo me diera cuenta, mi prima le dijo que yo pensaba que era muy guapo. Él le pidió una foto mía y, en cuanto me miró, le parecí bonita y quiso conocerme. Para cuando nos conocimos, a mí ya me gustaba un chico de la escuela y él ya no me interesaba. Pero unos meses después volvimos a encontrarnos y me pidió mi número de teléfono. Hablábamos todas las noches, a veces durante horas. Entonces, en otoño de 1984, me preguntó si quería ser su novia. Me sorprendió cómo esa simple pregunta tuvo el poder de darme un sentimiento de pertenencia.

Fue mi primer novio. Me gustaban algunos chicos, pero nunca me había enamorado. Hizo todo lo posible para que me sintiera especial. Era muy atento, me enviaba flores y me escribía tarjetas bonitas. Aunque estaba muy ocupado con los estudios, los deportes y el trabajo, siempre me dedicaba tiempo y salíamos juntos a diferentes lugares. Mi madre conocía a su familia y estaba de acuerdo que anduviéramos de novios. Le caía bien a toda mi familia, y cuando conocí a la suya, también les caí bien y me aceptaron. Mis sentimientos por él crecieron y me convencí de que era "el indicado". ¿Recuerdas tu primer amor? ¿El que te llena de esperanza de que juntos pueden hacer frente a cualquier cosa? Él era eso para mí, aunque sólo éramos unos jóvenes inocentes. En ocasiones desearía que nos hubiéramos conocido siendo un poco más maduros, y a menudo me pregunto si las cosas habrían sido diferentes. Pero he aprendido que todo sucede cuando y como tiene que suceder.

Desde el principio, nuestra inmadurez e inexperiencia contribuyeron a que nuestra relación no fuera saludable. Él era muy celoso y empezó a influenciar mi manera de vestir cuando salíamos. Empezó a controlar el tiempo que pasaba con mis amigas. A esa edad, este comportamiento me parecía halagador. Pensé que estaba orgulloso y que quería pasar todo el tiempo conmigo, en lugar de darme cuenta de que se trataba de control. Con el tuve mi primera experiencia intima; y creí que yo tenía más que perder si no seguíamos juntos. En aquella época, era común que nuestras madres nos enseñaran que si perdíamos la virginidad, ningún otro hombre querría casarse con nosotras. Esta manera de pensar fue una de las razones, por las que me quede en la relación. Pero lo que más influyo en mi decisión era saber que había decepcionado a Dios, sentía una culpa terrible y estaba dispuesta a hacer todo lo posible para que nuestra relación funcionara.

El y yo éramos muy diferentes. A él le gustaba salir, beber y divertirse todos los fines de semana, pero a mí no. A pesar de nuestras diferencias, nos apreciábamos y nos amábamos. Comencé a sentirme presionada para cambiar y ser más extrovertida, pero afortunadamente me mantuve fiel a mis convicciones y creencias. Aunque si noté un cambio en mi, ya que me volví muy celosa y posesiva, igual que él lo era conmigo. Surgieron rumores de que se veía con otras chicas. Una vez le descubrí y me sentí más insegura sobre nuestra relación y sobre mí misma. El sentimiento de rechazo que conocí por el abandono de mi padre, se hizo presente una vez más, haciéndome cuestionar si yo no era suficiente y si algo estaba mal en mí.

Estábamos demasiado apegados; terminábamos, pero pronto volvíamos a estar juntos. No podíamos estar separados. De alguna manera, siempre me convencía para que lo intentáramos de nuevo. Era difícil no volver con él. Es muy simpático, inteligente, encantador y talentoso. Me sentía muy atraída por él. También era muy trabajador y siempre fue un gran proveedor. A pesar de que teníamos pocas cosas en común, temporalmente, nuestros valores coincidían, ya que nuestros entornos eran similares. Siempre me admiró por ser conservadora y, aunque a él no le gustaba estar en casa, le atraía que a mi me gustaba pasar el tiempo tranquilamente en el hogar. Yo me mantuve firme en mi compromiso con él. Después de nuestro primer encuentro íntimo, supe que le sería fiel pasara lo que pasara.

En enero de 1989, descubrimos que esperábamos nuestro primer hijo. A pesar de que ambos teníamos veinte años, estábamos felices y emocionados por convertirnos en padres. La gran noticia de nuestro embarazo me brindó la esperanza que tanto necesitaba de que esto le motivaría a tomar mejores decisiones con respecto a nuestro futuro. Al enfocarme en la llegada de nuestro bebé, no me di cuenta de que su consumo ocasional de drogas, que él siempre negó, se había convertido en un grave problema. Como yo nunca había consumido drogas, no tenía idea de cómo reconocer los síntomas.

El nacimiento de nuestra hija fue un momento muy feliz; era la primera nieta para ambos lados de la familia. La paternidad nos distrajo de nuestros problemas. Estaba entusiasmado y se convirtió en un padre maravilloso. Agradecí que mi hija experimentara lo que yo nunca tuve; tendría un padre cariñoso y comprensivo. Convertirme en madre fue una bendición en mi vida y reforzó mi convicción de no rendirme y permanecer enfocada en lo que siempre había deseado tener, un hogar y una familia. Cuando nuestra hija cumplió dos años, recibimos más buenas noticias: de nuevo estábamos esperando un bebé. Yo quería un niño, porque nuestra hija era muy cercana a su papá. Mi deseo se hizo realidad: tuvimos a nuestro hijo.

Había indicios de que el consumo de drogas de mi pareja estaba fuera de control y necesitaba ayuda. Unos meses después del nacimiento de nuestro hijo, tuvo problemas e ingresó en un centro de rehabilitación por orden judicial. Yo estaba fielmente a su lado y más comprometida que nunca por nuestros hijos. Para mí, comprender el abuso de sustancias fue un reto. Pensaba que abstenerse de hábitos dañinos era tan fácil como decir que no. Ingenuamente, intenté ayudarle y pensé que podría influir positivamente en él para que cambiara. El centro de rehabilitación ofrecía asesoramiento familiar; era un requisito. Se convirtió en una excelente oportunidad para hablar de nuestros problemas y afrontarlos. Por fin comprendí el ciclo de la drogadicción, cómo funciona y cómo contribuía yo. En la terapia escuché y aprendí por primera vez la palabra "facilitador", en la que sin saberlo me había convertido.

Recibimos la información y la orientación que tanto necesitábamos. Constantemente le recordaba su potencial, sus cualidades y sus fortalezas, con la esperanza de que viera el valor de adoptar un estilo de vida más sano. No lo sabía entonces, pero lo estaba convirtiendo a él, en mi proyecto de vida. Tras completar su tratamiento en el centro de rehabilitación, y adoptar una perspectiva sobria de la vida, la mayoría de sus supuestos amigos le abandonaron. Fue una bendición para él, y una oportunidad de un nuevo comienzo para nosotros. Al parecer, era un hombre nuevo. Volvió a conectar con su fe y entregó su vida a Dios. Debido a los problemas legales, perdimos todo lo material que teníamos, pero a mí no me importó. Me centré en nuestro nuevo comienzo.

Tuvimos varios años en los que las cosas marcharon muy bien. Empezamos a ir a la iglesia y él siguió practicando sus doce pasos. Me hacía feliz ver que se había convertido en un hombre sano y sobrio. Todo indicaba que los tiempos difíciles habían quedado atrás. Sin embargo, no sería por mucho tiempo. La realidad es que la mayoría de nuestros años juntos fueron como una montaña rusa. Hubo muchos momentos felices, y fue cuando más me aferré a mi sueño de tener una familia y un hogar. Compramos una casita en las afueras de la ciudad y disfrutamos de una vida tranquila. Fueron nuestros años más felices; estoy segura que tanto él como nuestros hijos estarían de acuerdo conmigo.

Nuestra relación fue muy extremista, durante los períodos buenos, las cosas iban de maravilla, lo mismo ocurría con los tiempos difíciles; las cosas eran horribles. Aprendí muchas lecciones a lo largo de nuestra relación. A estas dos debí haberles prestado más atención desde el principio. La primera es que, a pesar de tener las mejores intenciones de influenciar o querer cambiar a alguien, la decisión de cambiar es opcional; sólo depende de la persona, darse cuenta de que necesita mejorar o modificar su manera de ser. Nadie cambia hasta que decide hacerlo. Yo quería desesperadamente que el viera su potencial y tomara mejores decisiones; él no estaba dispuesto a cambiar, aun sabiendo que el hacerlo mejoraría su vida. La segunda lección es que yo debo ser mi prioridad. Quererme y cuidarme a mí misma consciente e intencionadamente, no es ser egoísta, sino una práctica saludable. Al intentar mantener unida a mi familia, olvidé que yo también soy importante. Me centré en las necesidades de los demás, impidiéndome reconocer todas las emociones que me destruían. Fue un error costoso. Siempre hay un propósito en todo lo que sucede; aunque en aquel momento no pudiera discernirlo, todas las experiencias revelan con el tiempo valiosas lecciones.

En retrospectiva, ¿qué saben o entienden un par de inexpertos adolescentes de quince años sobre las relaciones, la lealtad o el amor? Las relaciones son compromisos serios en los que asumimos muchas responsabilidades y vivimos experiencias significativas que nos cambian la vida. Aunque después valoramos las lecciones que se derivan de tomar decisiones equivocadas, las consecuencias suelen tardar tiempo en presentarse. A lo largo de los años, hubo varias señales de que debía darle un giro diferente a mi vida. Parecía como si Dios estuviera murmurando, sugiriéndome que tenía que dejarlo ir. Inesperadamente me topaba con la nota y la leía, pero carecía de sentido, y me preguntaba por qué Dios me la había enviado. Cada vez estaba más avergonzada. Al sostener la nota me preguntaba si en realidad yo era la destinataria correcta. Sin saberlo, mi vida entera pronto se rompería en pedazos, haciendo imposible otro intento inútil de reconstruirla.

Recuerdo perfectamente que, hacia el final de nuestra relación, de regreso a casa después de visitar a la familia, me di cuenta que guardé silencio durante todo el camino. Antes, durante nuestros viajes, hablaba sin parar durante todo el trayecto; quedarme sin palaras era algo inusual y nuevo para mí. Ya me había cansado de hablar sin que él participara en la conversación. Mientras yo miraba por la ventanilla con la mirada perdida, él me miro y me preguntó: "¿En qué estás pensando?".

Le respondí con una pregunta que yo misma me había hecho de joven, poco después de adquirir conciencia de la presencia de Dios. "¿Crees que Dios nos creó con un propósito específico?".

Me contestó: "Creo que la razón principal es para vivir la vida al máximo". Pensé en su respuesta y me di cuenta de lo infeliz que yo era. Por aferrarme a mi relación, no sólo no estaba viviendo la vida que había soñado, sino, lo que es más importante, no vivía una vida que complaciera a Dios.

Poco después, nos separamos. Aunque perdí mi identidad en el transcurso de la relación, al final el camino se despejó para que pudiera centrarme en encontrarme a mí misma, aunque en aquel momento era difícil de entender y apreciar por el dolor y la angustia que me invadían. Conozco a muchas personas que por desgracia han perdido a sus parejas tras un divorcio o una ruptura, incluyendo a mi madre. Todas afirman que, después de la muerte de un ser querido, es la experiencia más dolorosa por la que puede uno pasar. Sus historias tienen algo en común: el lamento de haberse enfocado y dado prioridad a su pareja o cónyuge olvidándose de sí mismas. Estoy de acuerdo. El dolor que sentí tras perder a mi pareja de toda la vida fue insoportable. No sé si la intensidad de mi dolor estaba relacionada con el número de años invertidos en la relación; la verdad es que lo único que deseaba era morirme.

No podía soportar el dolor, ni quería hacerlo. Nada tenía sentido; este tipo de pérdida es desgarradora. Fue entonces cuando percibí un nuevo tipo de miedo. Esta vez, se trataba de la necesidad de sobrevivir por mi cuenta. El miedo comenzó a invadirme y asfixiarme. Me sentía perdida. Tenía que recordarme a mí misma que debía respirar, aunque era lo último que quería hacer. Uno pensaría que poner fin a una relación sería fácil de aceptar para alguien que había vivido y contribuido a un entorno tan tóxico. Aunque debía de haberme separado mucho tiempo atrás, el dolor era insoportable.

Por fin, ha llegado el momento de hacerle saber a Dios que estoy lista para volver a enfocarme en Él. ¿Recuerdas que mencioné haber puesto a Dios en un segundo plano porque "todo estaba muy bien"? Me di cuenta de que hay veces en que las bendiciones se disfrazan y se ocultan en nuestro sufrimiento. En medio del dolor, cambié el enfoque hacia Él y le hice una pregunta: ¿Y ahora qué? Dios sabía que había tomado decisiones que me habían llevado a este callejón sin salida, pero al final me trajeron de vuelta a Él. Amablemente me recordó a la niña que sabía que Él estaba cerca, estuviera donde estuviera, y de lo mucho que Él disfrutaba nuestras conversaciones. Desde entonces, supe que Él me amaba y que yo le pertenecía. Con el tiempo, nuestra conexión se disipó. Mi reacción a los acontecimientos abrumadores que atravesaba en mi vida, me llenaron de culpa y vergüenza, y así, dejé que sucediera; me desconecté de Dios y dejé de escuchar Su voz, y finalmente, lo solté. Intenté reconectarme muchas veces, pero la vergüenza de en qué se había convertido mi vida me impidió seguirlo intentando. No obstante, cuando todo lo demás falla, mira hacia arriba.

Ahora todo era más incierto que nunca. Arrodillada junto a la cama le pregunté, ¿Te acuerdas de mí? Lloraba y le suplicaba que me quitara ese dolor que me impedía encontrar una razón para vivir. Le dije que ya no tenía identidad y que no pertenecía en ningún sitio. "Estoy completamente perdida y avergonzada de la vida que forjé tan lejos de Ti, ignorando todas tus advertencias y susurros". Mientras estaba allí arrodillada llorando y suplicándole que me ayudara, sentí de repente el deseo de tomar la nota que Él tan amablemente me había enviado años atrás. Estaba dentro de un devocionario en mi mesa de noche. Sosteniendo la nota con el mensaje que nunca había tenido sentido, volví a arrodillarme y leí: "Has olvidado de dónde vienes". Esta es la primera frase, Su primer recordatorio afectuoso. En ese preciso momento, el Señor me reveló el significado de la frase que había leído varias veces antes sin poder entenderla. El me preguntaba: "¿Por qué crees que ya no tienes identidad? ¿Por qué sientes que no perteneces? Tu identidad es que eres hija del Dios todopoderoso y Creador del universo: tú me perteneces. Tú eres mía. Te he estado esperando para tomarte en mis brazos, sanarte, restaurarte y recordarte que te amo incondicionalmente". En ese instante, pude ver que Dios no me soltó de su mano durante todo el trayecto de mi vida. Siempre estuvo conmigo, esperando pacientemente mi regreso, para consolarme y amarme sin juzgarme. Era la más oscura de las noches, pero encontré un rayo de esperanza.

Esta pérdida fue devastadora y desgarradora; me produjo dolor y me dejó un vacío que nunca imaginé que existía. Sin embargo, experimentar la pérdida y el fracaso aportaron una nueva dirección y perspectiva en mi vida. Sé por experiencia propia lo que ocurre cuando las cosas y las personas a las que estaba apegada dejaron de ser el enfoque principal de mi vida. Después de que los fuertes vínculos se rompieron y se perdieron, finalmente dirigí mi atención hacia mi Creador. La revelación que contiene esta frase ha reforzado mi fe y me ha reconectado con Dios, la única fuente digna en quien confiar. Aunque me sentía rechazada e indigna, esa noche Él Señor vino a calmar mi alma con su amor y su gracia. Llenó mi anhelo de pertenencia recordándome que soy digna y amada. Me recordó que Él me eligió hace mucho tiempo, y diseñó mi vida con intención y propósito. Cuando me encuentro con momentos en los que siento temor y duda sobre si pertenezco o no, ya tengo la respuesta y la seguridad porque sé que soy hija del Dios todopoderoso.

Nota para el Lector: Recuerda…Tu Perteneces

En muchas ocasiones sentí un vacío inmenso, que procedía del sentimiento suprimido de pertenencia. Sin duda, llegará un momento en que experimentaremos un vacío en nuestro interior porque conoceremos el rechazo, el abandono y la pérdida. Es doloroso y aterrador perder a las personas que amamos y la vida que solíamos vivir; lo sé porque me ocurrió a mí. Lo irónico es que percibimos la importancia del sentido de pertenencia después de enfrentarnos al rechazo, el fracaso y la pérdida. No podemos evitar sufrir pérdidas; es una parte inevitable de la vida, como perder a un ser querido, una relación o un trabajo. La razón por la que has perdido tu sentido de pertenencia puede ser diferente a la mía, pero creo que todos llegamos a la misma encrucijada, preguntándonos si pertenecemos o a dónde pertenecemos. Cuando encontramos el valor, comenzamos nuestra búsqueda de la respuesta, que nos lleva al camino que nos conecta con la única fuente de pertenencia que realmente importa, que es Dios. Para mí, ha sido la más significativa de las bendiciones. Si te encuentras en esta intersección, no temas; esto significa que estás más cerca de descubrir que Dios te eligió hace mucho tiempo y, por lo tanto, siempre has pertenecido. La frase de este capítulo es la más poderosa de todo el mensaje porque el recordar y conectar con quién pertenecemos es la base para empezar a sanar y descubrir nuestro valor. Sólo Dios, nuestro Creador, puede llenar este vacío. Ten paz; tú perteneces.

CAPITULO 2

Valor

*Vives con miedo todos los días de tu
vida. De ahí viene tu ira.*

Sé fuerte y valiente.

—Josué 1:9, NVI

Algunas experiencias requieren la intervención divina de Dios porque es la única manera de comprenderlas. Viví en un ambiente destructivo la mayor parte de mi vida, sin ser consciente de su gravedad, hasta que recibí este mensaje. Cada vez que leía esta frase, sabía que estaba relacionada con un incidente que ocurrió al principio de nuestra relación, que cambió mi vida para siempre. Inmediatamente lo reprimí, y, por lo tanto, nunca afronté el trauma que me causó esta experiencia.

He escuchado la expresión de que nuestras vidas pueden cambiar instantáneamente y sin previo aviso; en mi caso esto es cierto por lo que ocurrió aquella noche. De niña, tenía muchos temores, pero superé la mayoría de ellos a medida que crecía. Sin embargo, más tarde descubrí un nuevo tipo de miedo, que hasta entonces no había conocido. Desgraciadamente, ese miedo se convirtió en algo familiar a partir de ese día. Quisiera poder decir que este miedo me afecta sólo a mí; lamentablemente es demasiado común en el mundo.

Mi encuentro con este miedo fue a través de un acto inesperado y violento, en manos de la persona a quien amaba. Nada pudo haberme preparado para saber como manejar y entender lo que viví a causa de ese suceso. La verdad es que tratar de excusar sus acciones porque estaba drogado cuando ocurrió, no disminuyó el efecto y el daño que causó. Poco después de que pasó fue como si firmara un contrato con ese tipo de miedo. A partir de ese día, ese miedo me poseyó, controló, alteró mi identidad y mi forma de vivir. Una forma perfecta de describirlo es que me convirtió en su prisionera. Cambió la posibilidad de convertirme en quién yo debía y podía ser.

Antes del incidente me sentía segura y confiada a la hora de tomar decisiones. Sin embargo, con el tiempo, este privilegio se fue disipando. Tomar una simple decisión me asustaba; empezó la lucha entre la duda y la indecisión, y me volví aún más insegura. Pensar que ya no estaría segura con el hombre al que amaba fue lo que me transformó en la persona atormentada en la que me convertí. Irónicamente, no comprendía lo que me pasaba y por qué siempre estaba tan enojada. Aunque el blanco principal de mi ira era la persona que me había causado daño, me sentía extremadamente culpable por reaccionar así.

Lamentablemente, el no sería el único destinatario, también afecto a las personas inocentes que formaban parte de mi vida. El miedo provocó la ira, y como nunca entendí la conexión, no supe cómo evitar las reacciones adversas. Cada vez que descargaba mi ira, era inevitable ver cómo perjudicaba a mis seres más cercanos, me sentía decepcionada conmigo misma, lo que intensificaba mi ira. Me convertí en prisionera de esta emoción.

El poder de liberación que contiene esta frase no deja de sorprenderme. Sé que Dios me la envió para ayudarme a entender el vínculo que existe entre el miedo y la ira. Tras lo ocurrido aquella desafortunada noche, reprimí el recuerdo. Si pretendo sanar, debo recordar todos los momentos desagradables que enterré para evitar enfrentarlos. Nunca imagine el poder que existe en el proceso de "recordar", porque justamente lo que ayudo a liberarme fue el recordar todo lo que viví y lo que he sobrevivido. Cuando empecé a escribir sobre este tema, fue un reto por dos motivos: el estigma asociado a la violencia doméstica y el hecho de que requería exponer algo que en ningún momento pensé en compartir. Sinceramente, el admitir que permanecí tanto tiempo en un entorno abusivo y que me convertí en una partícipe activa en el mismo es dolorosamente vergonzoso.

Aunque la mayoría sabemos de la existencia de la violencia domestica, es probable desconocer que alguien de tu círculo de familiares, amigos o conocidos ha vivido o puede estar viviendo en este tipo de relación, o tal vez, esta sigue siendo su realidad. Es poco común que se hable de ello porque no es un tema del que una persona quiere hablar abiertamente, especialmente si lo está viviendo. Es posible que sólo nos enteremos hasta que se produce un arresto o una muerte relacionada con ello. La violencia doméstica es compleja, y lo es más entender a los implicados, especialmente a la "víctima". Innumerables artículos, libros y documentales abordan este tema y sus patrones, con la intención de concientizarnos, la verdad es que es difícil entender el porque alguien ha sido maltratado. Francamente, si nunca has sido manipulado, amenazado, herido o has estado a punto de perder la vida en manos de la persona que amas, no puedes comprender la magnitud del miedo al que uno se enfrenta.

El procrear una familia y tener múltiples vínculos con el agresor, hace más difícil dejar la relación. El maltrato no siempre es evidente; existen muchas variables y niveles de intensidad, y no todos producen evidencias visibles. Por lo tanto, uno puede creer que la relación no es abusiva si no hay violencia física. Por desgracia, hay demasiadas formas de maltrato; algunas de las más comunes son físico, emocional, financiero y sexual. Una nota importante es que el hecho de que el maltrato no sea violento y no deje evidencia física no implica que no existan efectos secundarios perjudiciales. Aunque hay innumerables emociones, el miedo es el protagonista de todas las historias.

Me quedó claro que inevitablemente tendría que escribir sobre mi experiencia, lo cual genero una oportunidad para aprender más acerca del miedo. Busqué literatura sobre que es lo que "genera temor en la gente" y estos son sólo algunos ejemplos: tormentas eléctricas, muerte, rayos, serpientes, alturas, volar, oscuridad, fracaso, hablar en público, etc. Debo admitir que algunas de estas cosas también están en mi lista.

Sin embargo, temer a la persona que amas, con la que quizá tengas una familia, no estaba en esa lista. Así que, obviamente, tampoco aparecen sugerencias sobre cómo superar este miedo. Espero que mi historia te ayude a entender que es difícil vivir así y que no siempre es fácil dejar una relación como se piensa. Ha llegado el momento de quitarme la máscara que he llevado durante toda una vida, la que me sirvió de excusa para encubrir mi realidad. Si espero liberarme de este miedo, necesito exponer toda la verdad, aquella que desesperadamente intenté ocultar, la misma que muchos otros viven y están ocultando temerosa y vergonzosamente.

Hay muchos momentos en mi vida que deseo hubieran tenido un guion o final alternativo, como sucede en las películas; éste es uno de esos momentos. La noche en que ocurrió era una noche como cualquier otra. La cena estaba lista. Mi hija y yo estábamos esperando a que él llegara a casa; tardó más de lo habitual, y ella se quedó dormida. No recuerdo la fecha, pero sé que yo aún no tenía veintidós años; era alrededor de las siete de la tarde y comenzaba a oscurecer. Por fin llegó, su comportamiento era un tanto extraño. Un instante después, y sin previo aviso, tenía una pistola cargada apuntándome a mi sien. Una de las definiciones de la palabra miedo es: "una emoción desagradable, a menudo fuerte, causada por la anticipación o la sospecha de peligro". Suena muy acertado.

Ese día descubrí que existen diferentes niveles de miedo. Al principio, mi intuición me advirtió de que algo estaba mal.

Él entró hablando solo. No entendía lo que decía, así que le pregunté: "¿Has dicho algo?", pero no respondió. Se dirigió a la recamara y seguí escuchando cómo hablaba consigo mismo. "La cena está lista. ¿Tienes hambre?" le pregunté. Volvió a la sala, donde estábamos mi hija y yo, cerró todas las persianas y la puerta con llave. Le pregunté: "¿Te pasa algo?". Y murmuró que no. En ese momento supe que algo pasaba; fue entonces cuando se manifestó el miedo. Empecé a sentirme nerviosa y un poco asustada. Se dirigió de nuevo al pasillo de nuestra recamara y escuché el clic de un arma. En ese instante, el miedo encontró un nuevo hogar.

Lo siguiente que recuerdo es que aquel hombre al que amaba, con el que quería pasar el resto de mi vida, me sujetó por el cabello y, con la mano temblorosa, me apuntó a la cabeza con una pistola cargada mientras empezaba a gritar que me mataría y que luego iba a suicidarse. Y fue entonces cuando el miedo alcanzó su nivel más alto, convirtiéndose en terror. Todo era surreal, como si estuviera viendo una escena de una película. Podía ver a mi preciosa niña dormida a unos metros de distancia, y sólo quería abrazarla porque temía que pudiera ser la última vez. Me informó que no pensaba hacerle daño. Después de oír esto, intenté mantener la calma y hablar con él; le dije que no entendía lo que estaba pasando, aunque sabía que tenía un plan. Me acusó de engañarle por una llamada de dos minutos que apareció en la factura del teléfono celular, una llamada que el me había pedido que le hiciera a un amigo suyo al que apenas conocía. Con calma, le recordé que me había pedido que llamara a su amigo y le transmitiera un mensaje de su parte. Estaba paranoico; su problema con las drogas estaba claramente fuera de control. En la confusión de lo que estaba pasando, me dio el olor a gasolina y vi un recipiente rojo en la cocina. En ese momento el pánico se intensificó porque pensé que todos íbamos a morir.

Esa noche, ese acontecimiento cambió mi vida para siempre. Distorsionó por completo mi manera de vivir y, tristemente, también mi forma de amar. Nadie intervino tras ese incidente; lo consideraron una "pelea de pareja". No estoy culpando a nadie, pero al ser esta mi primera experiencia de esa índole, pensé que tal vez yo exageraba, y no fue tan grave como pensaba, ya que nadie tuvo ningún tipo de reacción. Después, intenté olvidar lo sucedido porque el hecho de que yo lo amaba seguía siendo mi realidad. En lugar de pensar en mi seguridad y en la de mi hija, algo ocurrió y, de algún modo, desvié la atención hacia él; quería ayudarle. Sin saberlo, me familiaricé con los términos "facilitador" y "codependiente". Sólo me enfocaba que por fin, tenía lo que tanto había deseado: un hogar y una familia. Y no estaba dispuesta a renunciar a ello. Me convencí de que él nunca nos habría puesto en peligro si no fuera por su problema con las drogas, ya que, hasta ese incidente, nunca hubo indicios de que fuera a ocurrir algo de esa magnitud. Creía que una vez que obtuviera ayuda, todo volvería a la normalidad.

Mi mayor error fue inventar la primera excusa a su favor. Todas las posibilidades de una vida con amor y respeto y la percepción de mi valor como persona, cesaron a partir de ese día. Por desgracia, la primera excusa daría lugar a cientos más. Ahora comprendo que ese día se apoderó de mí la codependencia que se originó en mi niñez a consecuencia de la ausencia de mi padre. La pregunta más común que todo el mundo se hace cuando uno permanece en una relación abusiva es: ¿Por qué nos quedamos? En mi caso, comencé mi relación con el miedo a través de ese acto cobarde y violento, pero con los años adquirió vida propia. Elimino mi auto estima y el valor que sabía que tenía. También borró mis sueños, mi pasión y mi esperanza; lo peor de todo es que dejé de creer en mi misma. Ese miedo invadió mi vida como si yo tuviera una discapacidad. Una vez que apareció, nunca se fue, y yo tampoco; estaba demasiado asustada para alejarme. Las pocas veces que encontraba una pizca de valor para dejarlo, me sentía culpable porque una vez que cayó de lleno en su adicción a las drogas, todos sus amigos lo abandonaron, y yo no podía irme cuando más me necesitaba. Era muy difícil entender qué era lo correcto y qué no. No es una excusa, pero era tan joven que no encontré otras maneras o formas de manejar esta situación.

Después de aquel día, nada volvió a tener sentido. El miedo y la ira se convirtieron en mis fieles compañeros. Lo único que quería era regresar al momento antes de que mi vida se volviera tan complicada. Pasaron muchos años después del primer encuentro en los que no ocurrió nada parecido. No recuerdo cuándo, cómo ni por qué comenzó de nuevo la violencia y las amenazas. Sin embargo, el daño ya estaba hecho. El ambiente en nuestro hogar estaba lejos de ser pacífico y seguro. La falta de respeto y los malos tratos se convirtieron en algo habitual. Mientras viví en casa de mis padres, les oíamos discutir y pelearse, pero jamás fuimos testigos de violencia. Nunca supe que existían relaciones tan tóxicas y peligrosas, ni tampoco imaginé que yo iba a ser protagonista de una de ellas.

Estaba muy decepcionada conmigo misma. Antes del incidente, mi confianza e inteligencia, proyectaban un futuro brillante por delante, pero ahora lo único que conocía era el miedo y la ira. Con el paso del tiempo, aparecen la culpa, la vergüenza y el remordimiento. Me avergonzaba seguir en una relación tan tóxica y peligrosa. Mi vida se convirtió en justificar su comportamiento y disculparlo; me culpaba a mí misma e intentaba diluir la intensidad de la violencia para negar mi realidad. Esperaba que las cosas mejoraran. En lugar de eso, cuanto más lo intentaba, peor se ponían las cosas, y más me enfurecía y me frustraba; intentaba desesperadamente enterrar cada acto de violencia para evitar enfrentar la situación. Una de las cosas de las que más me arrepiento es que nunca se me ocurrió considerar o evaluar el daño que les estaba causando a nuestros hijos. Me quedé atrapada en este ciclo tóxico; quería que las peleas y los malos tratos acabaran, pero no quería perderlo a él, la familia ni el hogar. Empecé a aislarme de las personas cercanas a mí en cuanto sospechaba que notaban que algo estaba mal.

Las estadísticas muestran que las víctimas corren más riesgo cuando se marchan; incluso un gran número de ellas pierden la vida. No poder presenciar su estado de ánimo me llenaba de ansiedad. Las pocas veces que lo dejé, me sentí aun mas temerosa. Con los años, aprendí a predecir su comportamiento. Generalmente era muy acertada. Podía predecir si la discusión pasaría de los gritos a la agresión verbal y, finalmente, a ser física. Dependiendo de si había alcohol de por medio, podía sentirme intimidada por una pistola que aparecía de repente en la mesa de noche o en el mostrador de la cocina. Cuando no estaba con él, sentía miedo y ansiedad, y tenia que volver a casa porque me sentía segura presenciando su comportamiento, por muy absurdo que parezca.

Mi ira estaba fuera de control, y la descargaba mediante ataques verbales con la intención de infligir dolor a mi pareja. Mis palabras se convirtieron en un arma poderosa y muy destructiva. Después, me sentía frustrada y odiaba a la persona en la que me había convertido. A pesar de lo infeliz que era, marcharme no era una opción. Disponía de una larga lista de excusas que con el tiempo adquirí y estaban disponibles para mi en cualquier momento. Con el paso de los años, seguí aislándome, sobre todo cuando la evidencia después de una pelea era difícil de ocultar. Sin embargo, descubrí que mi vergüenza podía ocultarse con mangas largas y cuellos de tortuga a pesar del clima, y el maquillaje hace maravillas según el tono de los moretones. Si teníamos planes y ninguna de las dos estrategias funcionaba para ocultar evidencias, podía de repente "sentirme enferma" y cancelarlos. Si, por alguna razón, alguien veía un moretón, rápidamente inventaba una historia para justificarlo. Las cicatrices físicas no son siempre las que dejan huella. Las que lo hacen están por dentro. Son las que saldrán a la superficie en la próxima pelea o con una simple falta de respeto. Estas cicatrices se manifestaban en forma de ira; y poco después volvía a enterrarlas. Muchas veces me cuestione por qué no me fui.

Hasta hoy, no encuentro una respuesta justificable por haber permanecido en una relación tóxica por tanto tiempo como lo hice. El miedo siempre estuvo presente, pero a estas alturas, debo admitir que no fue la única razón que me impidió marcharme. Yo me convertí en parte del problema, destruyendo activamente mi vida. Me encontré atrapada en esta dinámica enfermiza de mi relación con él. Dios quería ayudarme a escapar de la prisión emocional que había sido mi morada durante tantos años. Cuando perdemos nuestro sentido del valor, lo más aterrador es que dejamos de creer que merecemos algo mejor y terminamos conformándonos. El Señor me recordó que soy digna de amor y respeto. La revelación de la estrecha relación entre el miedo y la ira fue crucial para abordar la culpa, la vergüenza y el remordimiento que he arrastrado durante tantos años. El miedo al que somos expuestos a través de un acto violento, especialmente por parte de un ser querido, hace que perdamos la esperanza. Esta frase me ayudó a comprender que tenía que perdonarme por la manera en que reaccioné, ya que no hay forma de saber cómo responder y enfrentar un acontecimiento tan traumático.

Después de muchos años de rupturas y reconciliaciones, por fin vivía sola; pero aún tenía la sensación de que, de algún modo, él me controlaba desde lejos. Desarrollé un ritual que practiqué durante meses: cada vez que volvía a casa, revisaba todos los clósets y baños para asegurarme de que estaba sola. Se convirtió en un hábito obsesivo. Este mismo año opté por dejar de participar en ese ritual. Hacer este pequeño cambio no fue fácil. Me llevó tiempo, pero poco a poco estoy recuperando el control. He elegido liberarme. Estoy aprendiendo a confiar en Dios con todo mi ser, pero todavía hay momentos en los que recibo una visita inesperada y me encuentro con ese miedo. Aparece a altas horas de la noche, como un viejo amigo fiel que me impide conciliar el sueño. Puede que sea un recuerdo que me viene a la mente, desencadenado por un ruido o una experiencia familiar, que me recuerda un momento desagradable. A veces, al ver algo en la televisión, principalmente si las noticias informan de otra muerte sin sentido relacionada con el maltrato doméstico, de inmediato me transporta a esos recuerdos incomodos. Sin embargo, en esos mismos momentos, me rindo al Señor. Estoy eternamente agradecida por Su protección. Un aspecto positivo es que una cosa ha cambiado, cuando aparece el miedo: la ira ya no es su acompañante. Seguiré orando hasta que no quede huella de ese miedo. Ese día está más cerca que nunca porque el Señor me lo ha revelado. Es cuestión de tiempo; todo comienza con romper viejos hábitos.

Estoy agradecida porque no puedo estar en mejores manos que las de mi amoroso Salvador. Él siempre me protegió y me mantuvo a salvo. Nunca me abandonó. El Señor sabía que volvería. Por esa razón me envió amablemente este poderoso mensaje, para recordarme que Él quiere liberarme de la prisión del miedo, la ira, la culpa, la vergüenza y el lamento, emociones con las que yo estoy demasiado familiarizada. Este mensaje es el mapa perfecto que conduce a un lugar lleno de amor y paz.

Aun así, no fue fácil, porque el miedo con el que había vivido cobró una nueva forma. Empecé a dudar de si podría sobrevivir sola. Fue entonces cuando encontré una semilla de fe y me dije a mí misma que no importaba lo aterrador o grande que fuera el dolor, ya era el momento de liberarme, comenzar a sanar y encontrar mi propósito. Agotada, me rendí; le dije: "Jesús, estoy lista". Entonces Él me envolvió en sus amorosos brazos y me recordó a la niña especial que una vez conocí, llena de sueños, esperanza y amor. Al final, no importa cuánto tiempo me quedé porque ahora vivo en la paz del Señor, que sobrepasa todo entendimiento.

Nota para el Lector: Recuerda…Se Siempre Valiente

Cuando hacen su aparición la culpa y la vergüenza por cómo reaccionamos ante lo que nos ha ocurrido, adquirimos cicatrices profundas que constantemente nos recuerdan la posibilidad de que pudimos haber actuado mejor. Debemos mirar más allá de nuestras imperfecciones y revivir nuestras heridas, o no aprenderemos la lección. No podemos permitir que estas reacciones nos definan. Reconocer el vínculo entre el miedo y la ira nos ayuda a reencontrar el valor que Dios nos ha dado. Este cambio de perspectiva nos permite perdonarnos a nosotros mismos e iniciar el camino hacia la sanación. En este capítulo, el Señor amablemente nos recuerda que la ira es un subproducto del miedo que se manifiesta por lo que hemos pasado, permitiéndonos comprender mejor nuestras reacciones y seguir hacia delante confiadamente y con gracia. A través del amor y el apoyo inquebrantables de Dios, encontramos el valor y la fuerza que necesitamos para superar todos los retos que se nos presenten.

CAPITULO 3

Fe

Quiero que vayas a la cima de la montaña y allí te encontrare.

Muéstrame, oh Jehová, tus caminos; Enséñame tus sendas. Encamíname en tu verdad, y enséñame. Porque tú eres el Dios de mi salvación; En ti he esperado todo el día.

—*Salmo 25:4–5, RVR 1960*

¡Mira hacia arriba! Estas palabras vienen a mi mente siempre que necesito la ayuda divina. Siempre ha sido la dirección hacia la que me dirijo cuando necesito a Dios. Esta frase me confirma que he estado mirando en la dirección correcta. Las instrucciones son de subir a la cima de una montaña donde me encontraré con Dios mismo. Esta es la invitación más importante he recibido en mi vida. Sin embargo, no es suficiente con mirar en la dirección comúnmente asociada con Su morada. Él tiene una petición; debo escalar y llegar a la cima. Saber que Dios está anticipando mi llegada es extremadamente intimidante porque no creo tener la fe requerida para el viaje. Aunque descubrí que Su plan era perfecto porque, sin yo saberlo, Él ya me había preparado para dar el primer paso. Cuando acudí a Él por primera vez, perdida y sin sentido de pertenencia, el Señor me recordó que la razón primordial de mi identidad es que pertenezco al Dios todopoderoso. También me ayudó a enfrentar el miedo que había sido mi compañero de toda mi vida, al recordarme el valor que Él depositó en mí. Las numerosas pruebas y desafíos que he enfrentado en mi vida me han hecho tomar conciencia de la profunda diferencia que existe entre creer que tengo fe y el saber que la tengo.

Es muy cierta la expresión común: "Todo lo que sucede tiene un porqué". Mi fe en Dios me dice que tampoco existen casualidades en la vida. Siempre que mi camino coincide con el de otra persona, resulta en una bendición, una lección, o en ambas cosas. Ese día, iba en camino a casa después del trabajo y decidí parar en una tienda de artículos para el hogar. No tenía nada concreto que comprar. Paseaba por los pasillos; podía pasarme horas de compras y fácilmente me distraía con todos los hermosos artículos. De repente, escuché mi nombre y vi a Angélica.

Nos habían presentado amistades en común justo antes de que yo me mudara de Douglas. Aunque sólo habíamos hablado un par de veces, nos entusiasmó encontrarnos, como suele ocurrir cuando estás lejos de casa y te cruzas con alguien conocido. Estuvimos conversando, obstruyendo el acceso al resto de los clientes, cuando me preguntó si tenía tiempo para ir a cenar con ella. Acepté encantada, y el resto pasó a la historia; a partir de ese día, nos volvimos inseparables. Este encuentro casual resultó en una de mis mayores bendiciones. Ella es cálida y amable. Realmente es una de las personas más extraordinarias que he conocido. ¿alguna vez has conocido a personas que te hacen sentir importante, querido y como si tú fueras su persona favorita? Angélica poseía este don, entre los muchos más que descubriría más adelante. Estoy asombrada de cómo el Señor siempre se ocupa de nuestras necesidades. Como Él mueve las piezas del rompecabezas no es nada menos que un milagro. Más tarde, Angelica me confesó que también creía que Dios había cruzado nuestros caminos con un propósito y que también había sido una bendición para ella. El plan del Señor nos reunió en el momento perfecto. No sabía mucho de ella, pero había escuchado que tenía problemas de salud.

Poco después de que nos encontramos, entré en una nueva fase. Me encontraba sola, incapaz de afrontar la pérdida de mi relación de toda la vida. En contraste a lo que yo estaba viviendo, ella no podía escapar de su constante compañero. Llevaba más de doce años lidiando con su fastidiosa presencia. Es testarudo y muy persistente. Su nombre es cáncer. Dios sabía que cada una necesitábamos la presencia física de una amiga. Ambas tenemos muchas amigas, pero ninguna vivía en Tucson. Ella tenía su casa en Douglas y viajaba a Tucson para su tratamiento. Debido a la seriedad de su enfermedad, se podría decir que prácticamente vivía aquí.

Unos meses después de nuestro encuentro, alquiló un apartamento, por lo que se convirtió en su residencia más permanente. Le permitía descansar en vez de ir y venir de un lado a otro. Ella y su marido estaban separados, pero se llevaban bien y seguían estando unidos. Debido a nuestras circunstancias, en cualquier momento estábamos disponibles para apoyarnos. Habían pasado algunos años desde que recibí mi mensaje. Cuando me di cuenta que Angelica tenia tiempo escalando su montaña, comprendí que era el momento de empezar mi propio ascenso. Tal vez por ese motivo nos cruzamos; ella me enseñaría el significado de la palabra perseverancia.

Como parte de mi proceso de sanación, empecé a asistir a terapia con una psicóloga en México; durante una de mis citas, le platiqué que hace unos años había recibido una nota de parte de Dios y que Él recientemente me había revelado que debía escribir un libro, utilizando el mensaje que me había enviado. Le expliqué que consta de siete frases, y la frase número tres es la que me tiene perpleja. Me miró como si me hubiera vuelto loca. Después de leérselas, se mostró sorprendida. Yo estaba ansiosa por escuchar su opinión. Le comenté: "No me cabe duda de que, cuando llegue el momento, Él revelará su significado, como lo ha hecho con las dos primeras frases". Entonces me preguntó si podía compartir lo que ella pensaba que significaba la frase. Le dije: "¡Sí, por favor!". Ella dijo: "Obviamente, llegar a la cima de la montaña requiere un acenso. Creo que empezaste a escalar en el momento en que decidiste buscar ayuda. Sin embargo, eso es sólo el principio. Tienes que saber que el camino no será fácil. Pero si quieres encontrarte con Dios, debes perseverar. Todo lo que Él representa lo encontrarás una vez que llegues a la cima". Me quedé sorprendida porque su interpretación le dio mas sentido a la frase. Por fin, estaba claro. Sé que el Señor la iluminó con el significado de la frase.

No recuerdo haber necesitado tanto a Dios como en esos momentos de mi vida. Había intentado acercarme a Él, pero todos mis esfuerzos habían sido en vano. La frustración de ya no sentirlo cerca de mí me alejaba más, pero siempre supe que Él no me había abandonado. Tras un largo periodo de reflexión sumamente necesario, quedó claro que mi obstinación y mi orgullo eran un par de barreras que impedían nuestra conexión. Yo no tenía previsto hacer un inventario de mis malas decisiones, anticipando la culpa y la vergüenza que vendrían después, pero había llegado el momento. Era fácil y cómodo seguir siendo la víctima en lugar de mirar a la horrible persona en la que me había convertido. Yo solía culpar a los demás. Luego me di cuenta que el hacerlo, sólo era una solución a corto plazo. Cuando toqué fondo, me di cuenta de que pagué un precio muy alto tratando de evitar aceptar la responsabilidad de mis acciones. No valió la pena perderme a mí misma en el proceso a cambio del alivio momentáneo que me proporcionó culpar a los demás.

Al ver a Angélica enfrentarse a obstáculos tan difíciles, me di cuenta que yo también enfrentaría varios retos en mi viaje. A pesar de los dolorosos efectos secundarios de los tratamientos y de la incertidumbre, ella perseveró y nunca se rindió. Incluso cuando recibió la noticia de que su estado de salud no mejoraría, ella siguió firmemente con la esperanza de superarlo. Al encontrarme en un lugar oscuro y sin esperanza, me di cuenta de que la única salida era empezar a escalar. No existía mejor momento para mirar hacia arriba y comenzar mi ascenso. Tener fe es vital, pero a la vez tenía claro que debía prepararme antes de iniciar este viaje.

Sin embargo, Dios no señaló qué montaña, ni ofreció instrucciones sobre mi ascenso, lo que inicialmente me llevo a creer que debía buscar una montaña real. Nunca he sido amante de las actividades al aire libre, así que cuando leí esta frase por primera vez, mi curiosidad se despertó. En caso de que tuviera que escalar físicamente, investigué sobre el tema del alpinismo. Antes de esto, no tenía ni idea de que se considerara un deporte extremo; un sitio lo describe como "El máximo desafío de fortaleza, resistencia y sacrificio". Sólo con leer la descripción, se vuelve intimidante. Los alpinistas necesitan prepararse mental y físicamente, y también deben tener en cuenta varios aspectos antes de iniciar su desafío. La altitud, el terreno, el tiempo y el equipo adecuado son sólo algunos de ellos. Aunque mi ascenso era simbólico, la preparación era fundamental porque mi objetivo era llegar a mi destino. Hay muchas similitudes entre escalar una montaña y lo que ha sido mi vida. Las cimas y los valles, representan los altibajos que he vivido. Cada paso durante mi ascenso revelaba la inestabilidad del terreno, al igual que los acontecimientos impredecibles que he afrontado en mi vida. Algunas decisiones que tomé teniendo dudas resultaron ser acertadas, mientras que otras que tomé con certeza no siempre resultaron como esperaba y produjeron consecuencias inimaginables.

La mayoría de nosotros sabemos que las montañas tienen una gran importancia en la Biblia. Muchas historias tienen lugar en la cima de una montaña. Dios las utilizó como escenario para reunirse con aquellos a los que llamó. Él planeaba transformar sus vidas. Todos estos hombres tenían en común el deseo de conectar con Dios. Su invitación les brindó la oportunidad, ya que los conduciría a Su presencia. A pesar de sentir intimidación e incertidumbre, obedecieron y comenzaron a escalar. Aunque cada hombre recibió un mensaje diferente, todos tuvieron que conquistar su montaña. Sacrificios, revelaciones, instrucciones y sanación les esperaba en la cima de la montaña. Espero que mi invitación proporcione el mismo resultado. Descubrí que la montaña representaba todos los obstáculos que interferían en mi conexión con Dios.

Dios tiene un plan, y todo sucederá a Su tiempo. Muchos de nosotros intentamos controlar nuestro entorno para evitar la incertidumbre. Siempre tuve una idea distorsionada de lo que era la comodidad, lo que me ayudó a conformarme, eliminando la opción de sentirme incómoda. Erróneamente pensaba que esto era una prueba de mi fe, porque me negaba a rendirme. Ahora tengo dos opciones: seguir viviendo con miedo o rendirme a Dios. Recordé a la joven que creía que Dios la guiaba. Este recuerdo me inspiró para dejar a un lado el miedo y tomar las riendas de mi vida. Cada obstáculo al que nos enfrentamos es único, y todos manejamos la adversidad de forma diferente. En ese momento, recordé que Dios me dio la libertad y la fuerza para elegir cómo y en qué momento vencer los desafíos.

Cuando conocí a Angélica, ella ya había perfeccionado el arte de la perseverancia gracias a su fuerte fe. Tras su diagnóstico, sobrevivir fue una lucha constante. Conocía y sabía lo impredecible y difícil que era su ascenso. Durante su batalla, cada vez que recibía noticias positivas, confiaba en que iba a vencer su enfermedad. Sin embargo, como usualmente sucede en la lucha contra este monstruo llamado cáncer, un día recibió una llamada telefónica informándole que su progreso se había extinguido. Esa noche nos reunimos para cenar; el cáncer se había extendido. Estaba sentada delante de mí con su hermosa sonrisa, aún llena de esperanza. Me dijo que estaba preparada para empezar rondas más agresivas de quimioterapia. Creía firmemente que este tratamiento era "el definitivo" para conseguir el milagro por el que oraba y que esperaba recibir. Una de sus armas secretas era el humor. Sé que es imprescindible tener una mentalidad positiva cuando se afronta una batalla contra el cáncer, y a menudo he leído que la risa es medicinal. No estoy segura de ello, pero al menos por un momento, ayuda a olvidar la gravedad de la enfermedad y todo parece normal. A mi madre le diagnosticaron cáncer de mama; sobrevivió dos rondas con su oponente. Estas dos mujeres son el ejemplo de cómo la fe, una actitud positiva, la risa y una sonrisa son la mejor arma para luchar.

En cuanto a mí, ya no tenía más excusas. Había llegado el momento de sincerarme. Era fácil victimizarme, sobre todo porque tenía la evidencia y las cicatrices para demostrar que estaba herida y rota; sin embargo, aún quedaba algo más que contar. No sólo yo sabía lo que ocurría a puerta cerrada, sino también, y lo que es más importante, también Dios. Consciente de esto, fue difícil intentar ocultar mi participación. Estoy escribiendo partes de este capítulo por segunda vez. Al principio, no tenía intención de compartir todos los detalles de mi historia, ya que me avergonzaba mucho. No obstante, Dios siguió trabajando en mí, pidiéndome que revelara toda mi historia. Él no sólo puede ver mi estado de quebrantamiento, sino que también ha sido testigo de todos los acontecimientos que encontré a lo largo de mi camino y que me trajeron hasta aquí. Sólo Él y yo conocemos la verdad, porque Él mira mi corazón y su contenido.

Durante años, usé las palabras como un arma. Y a la vez que crecía la ira en mi interior, también se extendía su alcance. Lastimé a mis seres más queridos mientras presenciaban mi transformación de vivir con el miedo y la ira. Nunca tuve la intención de hacerle daño a nadie, pero era innegable que lo había hecho. Después de todo, el haber formado parte de una relación tóxica en la que vivimos muchas experiencias profundas y que nos cambiaron la vida, incrementó enormemente esa probabilidad. Siempre tuve conciencia de mi capacidad para elevar las discusiones a niveles peligrosos. Sé que hay casos en los que las víctimas quizá no mostraron su ira como yo lo hice, pero esta es mi historia y mi verdad. Y, tristemente, sé que es la verdad para muchos otros, aunque probablemente no lo admitan. Comprendí que para superar la opresión del abuso, debo de responsabilizarme de toda mi historia. Fui víctima de un acto cobarde y violento. Sin embargo, poco después, me apena decir que yo convertí a mi abusador en mi víctima. El abuso verbal, fue el tipo de maltrato que escogí para herirlo, pues creía erróneamente que no era tan dañino como el abuso físico.

La verdad es que negar, minimizar o mentir respecto a mis acciones no borra mi participación y lo que es peor aun, la realidad de vivir con la devastación del miedo y la ira. Por desgracia, durante muchos años, mi pareja y yo vivimos en una relación considerablemente tóxica y peligrosa. La única forma de detener ese ciclo, es asumir individualmente la responsabilidad de nuestras acciones. Si me niego a asumir mi responsabilidad, entonces postpongo enfrentar el problema, y los residuos de mi comportamiento me mantendrán atada al pasado. A estas alturas, sé que asumir la responsabilidad ya no es opcional. Si sigo evitando responsabilizarme de mis actos, renunciaré al derecho que Dios me ha dado de vivir en paz.

Nunca abordé el trauma que sufrí aquella desafortunada noche. Un acontecimiento de esa magnitud afecta la vida de cualquier persona de formas inimaginables. En aquel momento, lo único que quería era olvidarlo y pretender como si nunca hubiera ocurrido, como nuestras familias lo hicieron. Aunque después pasaron muchos años sin que existiera maltrato físico, el daño ya era irreversible. Descubrí y apliqué tres pasos que me ayudaron a prepararme para escalar mi montaña; yo los identifiqué como las herramientas que no sabía que necesitaba. Cuando te encuentres al pie de tu montaña mirando hacia arriba, espero que encuentres valor en estos tres pasos, porque si el resultado que buscas es liberarte de todo lo que te ata, es necesario aplicarlos. Me tomó tiempo aceptar Su invitación. Pero con completa transparencia y honestidad, le pedí a Dios que comenzara a restaurarme. Cuando tomé el primer paso, comenzó el verdadero desafío, porque el terreno de la montaña consistía en enfrentar el dolor, los conflictos y los obstáculos que necesitaba superar.

El primer paso es la responsabilidad. Necesitaba ver más allá de la idea errónea de que asumir la responsabilidad de mis malas acciones, disculparía o borraría las ofensas que se cometieron en mi contra. En realidad, esto está muy lejos de la verdad. Al cambiar mi perspectiva sobre estos eventos, mi imagen se distorsiono y me proporcionó un velo en el cual me podía esconder, lo que me permitió seguir actuando como una víctima. El culparlo a él, justificaba mi agresividad y prevenía que asumiera la responsabilidad de mis decisiones. Es innegable que nuestro entorno configura nuestras acciones e influye en ellas. En algún momento, tuve que hacerme responsable de mi implicación y de cómo reaccioné ante lo sucedido. Nada puede compararse con el desahogo y la libertad que obtendré, una vez que deje de esconderme detrás de una versión a medias de mi realidad.

Pagué un precio muy alto por no asumir la responsabilidad de todos mis errores; mi desconexión con Dios. Una cosa importante que hay que tener en cuenta, es que no hay filtros que le puedan ocultar nada a Dios. Reconozco que tengo una extensa lista de errores y ha llegado el momento de confesarlos. La honestidad y la transparencia son cruciales, pues representan la única manera de conectar con Dios.

Por fin, inicié mi conversación con el Señor y le confesé las razones que creía que me habían traído hasta este punto. Escudriñar toda una vida de recuerdos dolorosos y admitir mi participación en ellos me ayudó a aliviar la culpa y aligeró la carga al comenzar mi ascenso. En esta parte de mi proceso, abordé la culpa y la vergüenza por haber hecho daño a mis seres queridos. Nunca me gustó la palabra "víctima". La asociaba con alguien débil e indefenso. Cuando liberaba la ira y la rabia, ya no me sentía indefensa, y esta forma de pensar seguía alimentando ese comportamiento. Maltratar a mi pareja, me daba una falsa sensación de poder y dominio. Soy físicamente más débil que él; utilizar las palabras para hacerle daño significaba que ya no era la víctima indefensa y asustada. No necesité hacer ninguna declaración para adoptar la mentalidad de víctima. Me gané el título desde el momento en que culpé a los demás de mi situación actual. Puse más énfasis en lo que sufrí que en lo que hice, eliminando la posibilidad de admitir que estaba equivocada. Con esta práctica, lo único que conseguí fue demorar mi sanación. Nuestros caminos son únicos, así que la invitación a la cima de la montaña es una invitación para uno solo. Dios planea dirigirse exclusivamente a la persona que está ante Él. Él me ha estado esperando. Es mi oportunidad de compartir, en mis palabras, todo lo que afronté a lo largo del camino que me condujo a mi quebrantamiento.

El segundo paso es el perdón. Asumir la responsabilidad me hizo sentir peor; sentí más culpa, vergüenza y remordimiento. Ninguna persona merece que nos falten al respeto, nos maltraten o abusen de nosotros, pero saber esto no disminuyó mi dolor por haber hecho tanto daño a mis seres queridos. Después de todo, era la familia que Dios me había dado. No estoy segura de comprender plenamente lo que significa amarse a uno mismo, porque suena egoísta cada vez que lo oigo. Cuando he sido ofendida o herida por las personas que aprecio, eventualmente puedo extender el perdón debido al amor que siento por ellos. Tal vez por eso perdonarme a mí misma fue tan difícil. El amor propio era inexistente en ese momento; al contrario, me disgustaba la persona en la que me había convertido. Me culpaba por permitir que abusaran de mí y por convertirme en una abusadora. Por tener miedo de marcharme. Por no controlar mi ira. Por traicionarme a mí misma. La realidad es que cuando los demás compartían sus opiniones injustificadas y me juzgaban, lo único que yo hacía era centrarme en mis defectos y transgresiones. Perdonarme a mí misma parecía casi imposible.

Como aún no sanaba, la proyección de mis intenciones seguía distorsionada. Aprender a descartar los comentarios infundados y malintencionados fue muy útil; constantemente tenía que recordar que nadie caminó en mis zapatos. Tal vez, si lo hubieran hecho, sus reacciones habrían sido las mismas que las mías. Me di cuenta de que tenía que perdonarme por la relación que había tenido con dos personas de mi vida: mi padre y mi pareja. Retrocedí para conectar con la niña que ansiaba ser amada por su padre, y luego con la joven asustada en que me convertí la noche del desafortunado incidente; las consolé por tener miedo y no saber qué hacer en aquel momento y durante muchos años después. Como madre primeriza de veintidós años que lidiaba con un adicto que resultó ser el hombre que amaba, no tenía la capacidad ni la experiencia para enfrentarme a un acto de violencia inesperado de esa magnitud; tampoco creo que nadie la tuviese. Sin embargo, a pesar de mi inmadurez e inexperiencia, hice lo que creía correcto. Actué lo mejor que pude con lo que sabía en aquel momento. Hoy, cuando la historia se ha desarrollado, sé que debí haber actuado de otra manera debido a lo que he aprendido, pero no puedo cambiar el pasado. Sólo puedo hacer las cosas mejor a partir de ahora. Aunque he cometido errores terribles y he fracasado, Dios me invitó a reunirme con Él, y su misericordia me ha sanado.

Aprendí que perdonándome a mí misma, estoy en el camino de descubrir el amor propio, una práctica que mantendré.

Finalmente, el último paso es rendirse. Dios es el único que puede sanarme y restaurarme; a partir de ese momento, me rendí incondicionalmente. Solo Él tiene el poder no solo de redimir, sino de tomar lo que está hecho pedazos y restaurarme. Conectarme con mi fe me permitió alcanzar un mayor nivel de comprensión porque ahora sé que Dios es mi Padre amoroso, que se preocupa por mí y que me cuida. Volví a Él consciente de que Él comprende mi situación porque Él ha sido testigo de mi vida entera. Después de aplicar estos tres pasos, mi carga es menos pesada y ya no tengo miedo de iniciar mi ascenso, porque estoy segura que conquistaré mi montaña.

Nuestros caminos son únicos y específicos para abordar los problemas que hemos enfrentado y que necesitamos superar. Es un milagro ya que Dios nos equipa con todo lo que necesitamos para triunfar. Angélica siguió concentrada en llegar a la cima y encontrarse con su Creador. Tuvo que luchar contra un adversario persistente, decidido a desanimarla mientras escalaba. Además de su fe, poseía gracia y un corazón desbordante de amor por todos. Cuando conectamos por primera vez, sabía que las probabilidades no estaban a su favor debido a su diagnóstico y al deterioro de su salud, y que en algún momento tendría que enfrentarme a su pérdida. No estaba preparada para añadirla a mi ya larga lista. En lugar de eso, me enfoqué en disfrutar al máximo la bendición que recibí cuando nuestros caminos se cruzaron.

Aprovechamos al máximo nuestros dos años juntas; reímos, lloramos y comimos en todos los restaurantes que ella deseaba. Mantuvimos la esperanza, aunque era imposible ignorar los cambios. Nunca olvidaré la última vez que nos vimos; ya había perdido bastante peso y ya no tenía apetito. Lejos quedaban las noches que empezaban con el debate de dónde comer y nuestras interminables conversaciones. Esta noche era diferente. Nos tomamos de la mano mientras nos acurrucábamos tranquilamente en su sofá. Ambas sabíamos que el final estaba cerca. Lo sentía. Le pregunté si tenía miedo y me contestó: "No, no tengo miedo; estoy cansada y lista". Lo dijo sonriendo. Me quedé mirándola, conteniendo mis lágrimas. Decir que Angélica tuvo que enfrentarse a la adversidad durante su ascenso es quedarse corto. Sin embargo, su enfermedad no le impidió vivir el momento presente. Amaba, vivía y disfrutaba de la vida. Su actitud positiva no le permitía rendirse, pasara lo que pasara. Seguía centrada en el camino que tenía por delante, superando cada obstáculo y agradeciendo cada aliento que le quedaba. Y no dudo de que, como prometió, el Señor la esperaba y la recibió entre sus brazos amorosos. Todavía hoy no entiendo por qué mueren las personas cariñosas, amables, atentas y generosas. Apoyándome en mi fe, me refiero al final físico de nuestra vida. Pero he aprendido a aceptarlo porque sé que ella habita en la presencia de Dios y ha dejado de sufrir. El ejemplo de resiliencia y su cálida y hermosa sonrisa los llevo conmigo en el corazón. Presta atención mientras escalas tu montaña; puede que te encuentres con un ángel, porque Angélica es la prueba de que los ángeles existen y caminan entre nosotros.

En cuanto a mi ascenso, no disponía del valor ni de la fuerza necesarios para dar el primer paso, pero, afortunadamente, conozco a Quien puede cargarme. El Señor está a una oración de distancia, esperando para ayudarme. El camino para reconstruirme y encontrarme a mí misma fue único. Todos nos enfrentamos a retos, dolor y decepción, y reaccionamos de forma distinta a lo que nos ocurre, por lo que acabamos en condiciones diferentes. Por consiguiente, tampoco se trata de un enfoque de "una talla para todos" a la hora de sanar. Yo ya no quiero ser mi propio obstáculo, así que tomé el primer paso con fe, sabiendo que no estoy sola, pues el Señor está a mi lado. En los momentos de duda, Él me esperó pacientemente a que me comprometiera. Cuando temí y consideré dar marcha atrás, el Señor fue mi luz, señalándome el camino a seguir. Me sostuvo cuando no tenía fuerzas para continuar y consideré rendirme. Dios planeó no sólo salir a mi encuentro, sino que además me acompaño a lo largo de mi viaje. Él sabía que yo llegaría a la cima. Mi Dios omnisciente anticipó todas mis necesidades y me equipó para mi jornada. Les aseguro que no fue fácil, y Él jamás dijo que lo sería. Todo lo que Dios me pidió fue que aceptara su invitación. El proceso llevó tiempo y trajo más dolor del que ya había experimentado, pero mantuve mi mirada en la meta; Él es mi recompensa.

Una vez que llegué, Él estaba allí, esperándome como había prometido. Ya nada se interponía entre nosotros. Dios me recordó que, con fe, todo es posible. Aparte de recibir la invitación de reunirme con mi Creador, lo que destaca de esta hermosa frase es que todos tenemos una montaña que escalar. Aunque no estemos preparados, llegará el momento en que tengamos que mirar hacia arriba. Es un pensamiento común pensar que a lo largo de nuestra vida nos enfrentaremos a varias montañas, pero yo no estoy de acuerdo. Algunos de los retos a los que me enfrenté, y a los que probablemente me seguiré enfrentando, podrían aparentar ser una nueva montaña, pero creo que se trata de la misma. Porque ahora sé que cuando llego a la cima, la he conquistado por el momento, y no será la única vez que tenga que vencer y perseverar para permanecer en la presencia de Dios. Como cualquier otra relación, se requiere compromiso de mi parte para buscarlo diariamente y mantener la conexión establecida. Dios me dio libre albedrío, y debido a esto, me extendió una invitación para encontrarme con Él. Él esperó pacientemente mi llegada y al llegar me entregó un regalo envuelto en gracia, amor incondicional y misericordia; Dios lo llama sanación. Escalar una montaña es intimidante, pero saber que ésta representa lo que se interpone entre Dios y yo me animó a dar el primer paso. Me siento afortunada de estar viva y honrada en haber llegado a la cima y que mi Salvador me haya dado la bienvenida.

Nota para el Lector: Recuerda… Tener Fe

Cuando te llegue el momento de mirar hacia arriba, no te demores y da el primer paso, aunque no creas poseer la fe necesaria para tu trayecto. La vida nos depara retos y dificultades, que pueden parecer más de lo que podemos soportar. Nadie conoce nuestro dolor, nuestro quebranto o nuestro potencial para vencer y triunfar como Quien nos creó. La pregunta habitual de "¿Dónde está Dios en los malos momentos?" debería ser "¿Dónde me encuentro yo en mi relación con Dios?", porque Él siempre está presente y nunca nos ha abandonado. Somos nosotros los que nos hemos desconectado de Él. Nos mantenemos al margen y no actuamos para ayudarnos a nosotros mismos o a los que nos necesitan. Dios nos ha dado libre albedrío para elegir entre quedarnos inmóviles o seguir adelante. Si seguimos evadiendo la responsabilidad y culpando a los demás de nuestras reacciones ante los acontecimientos de la vida, seguiremos desconectados de Dios. No podemos echar la culpa a la aparente ausencia de Dios en los momentos difíciles. Debemos afrontar lo que interfiere con nuestra conexión y asumir la responsabilidad en lugar de culpar a Dios y a los demás por nuestras decisiones y acciones. Es la única manera de liberarnos de nuestra carga y llegar a la cima de la montaña.

Anímate y acepta Su invitación. Es una invitación personal. Durante tu camino, descubrirás que posees el valor y la fuerza que necesitas. Cuando estés listo, toma el primer paso; tu recompensa será estar en la presencia del Dios todopoderoso.

CAPITULO 4

Promesa

Temes ser abandonado, yo no te abandonaré. Nunca te abandonaré.

El Señor mismo marchará al frente de ti y estará contigo; nunca te dejará ni te abandonará. No temas ni te desanimes.

— *Deuteronomio 31:8, NVI*

Muchos de nosotros podemos identificarnos con el miedo a estar solos; yo siempre tuve miedo de estar o quedarme sola. En mi siguiente capítulo, tuve un indicio que Dios me estaba preparando para enfrentarme a este miedo. Fue entonces cuando me di cuenta de que nunca me percaté de las lecciones que se ocultan en los acontecimientos cotidianos e insignificantes en apariencia, y que tienen el propósito de enseñarme nuevas perspectivas. Cuando mi pareja se marchó, fueron muchos los retos que tuve que afrontar y superar. El primero que enfrenté, fue que nuestros momentos compartiendo un café se habían convertido en cosa del pasado. Solía esperar con entusiasmo las mañanas porque disfrutábamos del café juntos. A él le gustaba madrugar para aprovechar el día. No importaba qué tan temprano o qué tanto frío hiciera o si yo quería seguir durmiendo; él siempre me preguntaba: "¿Te vas a levantar? ¿Hago mas café?" "¡Sí!" le contestaba, e inmediatamente saltaba de la cama para reunirme con él. Era nuestra cita prácticamente de todas las mañanas y era un momento importante de mi día.

Era una de las pocas veces que manteníamos una conversación en la que ambos participábamos, en lugar de que él se limitara a escuchar mientras yo hablaba. El siempre compartía sus planes para el día o lo que tenía en mente. Era reconfortante verle más receptivo e interesado durante nuestras conversaciones mientras tomábamos el café. Nunca me había dado cuenta de que además de la crema y el azúcar, la esperanza era un ingrediente adicional en esas tazas. Era un nuevo día, que empezaba con calma y en el que conectábamos. No había manera de predecir cómo se desarrollaría el resto del día, pero siempre tenía la esperanza que siguiera con este mismo tono. La mañana siguiente de su partida, comencé a preparar el café y empecé a llorar; en ese instante, me quedó claro que esos momentos se habían ido, al igual que la dosis de esperanza que contenía cada taza que disfrutábamos juntos.

Ahora, mi realidad era diferente; entonces comprendí que estaba sola. Era tiempo de enfrentarme a mi peor temor. No fue fácil, pasé varios meses llorando, pero un sábado por la mañana, mientras estaba sentada en la cama, escribiendo y tomando mi café, miré un hermoso árbol situado junto a mi ventana, que me trajo una sensación de paz y bienestar. Fue entonces cuando descubrí que el vital ingrediente de la esperanza, se había hecho de nuevo presente en mi taza. Sin duda, encontraré más retos a medida que siga avanzando en mi camino.

Me llevará tiempo recuperarme, pero por ahora agradezco que una sonrisa haya remplazado las lágrimas mientras disfruto de mi café a solas.

Compartí esta historia del café con mi hermana, y se puso a llorar. Unos meses antes, el marido de su amiga había fallecido inesperadamente. Mencionó que su amiga también tenía una historia relacionada con el café. La similitud, aparte del café, es que la dosis de esperanza ya no estaba presente en su taza. Al mirar atrás, estoy agradecida porque el encontrarme a solas, me permitió percibir la presencia de Dios como nunca lo había hecho. Él me recordó que siempre está conmigo; ahora sé que nunca he estado sola. En cuanto a la amiga de mi hermana, cuando menos se lo espere, ella también sonreirá, porque su copa se llenará con el hermoso ingrediente de la esperanza.

En muchas ocasiones he sentido la soledad y me he sentido sola o las dos cosas a la vez. Tarde o temprano, todos aprendemos la diferencia entre ambas. Ahora sé que la soledad es un estado físico, mientras que sentirse solo es emocional. Es inevitable, todos nos encontraremos solos en distintas etapas de la vida. Puede ser por elección propia o a causa de un acontecimiento de la vida, como una mudanza para ir a la universidad, un trabajo que nos obligue a trasladarnos lejos de nuestros seres queridos, o acontecimientos inesperados e imprevistos, como una ruptura, un divorcio o la muerte. Y si eres como yo, puede que cuando esto suceda te enfrentes a uno de tus mayores temores. A lo largo de mi vida he sufrido bastantes pérdidas y he tenido que superar las diversas emociones que me generaron.

Durante mi infancia, no recuerdo haber pasado mucho tiempo sola. Vivía con mis padres, mi abuelo y mis tres hermanos; siempre había alguien alrededor. Era un reto poder concentrarme en las tareas escolares o encontrar momentos de tranquilidad, sin embargo, encontraba consuelo en el ruido y el caos. A través de este proceso, finalmente me di cuenta de que la raíz del miedo a estar sola se originó cuando era niña y estaba relacionada con la ausencia de mi padre. Tengo pocos recuerdos con él, ya que sólo venía a visitarme brevemente y con poca frecuencia. No obstante, hubiera preferido que no me visitara, ya que sus partidas me provocaban un sentimiento de abandono y soledad. Con el tiempo dejó de venir, creando un vacío que me llenó de inseguridades y dudas.

El otro día, compartí parte del contenido del libro con mis padres. Aproveché la ocasión para decirle a mi padrastro lo mucho que lo quiero y lo agradecida que estoy con él. Quería que supiera que mi vacío no tiene nada que ver con él. Por el contrario, tiene que ver con el deseo innato de todos los niños de sentirse queridos y protegidos por sus padres. Aunque mi padrastro ha sido un padre para mí, con frecuencia me preguntaba por qué mi padre biológico no eligió formar parte de mi vida.

A pesar de todo, anhelaba tener una relación con él y esperaba que cambiara de opinión. El hecho de que vivíamos en la misma ciudad, me causaba amargura y rabia. Nunca entendí por qué no me visitaba. Entonces, me prometí a mí misma que si alguna vez tenía hijos, mi deseo es que tuvieran una relación afectuosa con su padre. Por suerte, mis hijos tienen un padre cariñoso y comprensivo. Siempre está ahí cuando lo necesitan. Mi hija, en particular, es muy unida a su padre; siempre se sintió protegida por él. Su vínculo es fuerte; ella sabe que él siempre estará ahí para ella. Dos fueron los factores principales que influyeron en mi decisión de mantener unida a mi familia: Quería que mis hijos crecieran con su padre y temía quedarme sola. El lazo entre mis hijos y su padre me reconfortaba a pesar de que nuestra relación se deterioraba.

Mi personalidad es un equilibrio perfecto entre extrovertida e introvertida, pero irónicamente, a pesar de mi miedo a estar sola, siempre he preferido la última opción. Debe de ser porque cuando estoy sola, no me siento presionada para cumplir las expectativas de los demás. Sin embargo, sólo me gusta estar sola durante poco tiempo: unas horas al día, no más de un par de días, es suficiente. Me siento ansiosa y me da miedo saber que estoy sola. Debo admitir que incluso cuando toda la familia estaba reunida en casa, en medio del caos, las tareas, el ruido, mi pareja y mis hijos jalándome en diferentes direcciones, a menudo me sentía como si fuera la única que estaba allí. Debido a su trabajo, mi pareja viajaba con frecuencia y, aunque yo llevaba una vida cómoda y tenía todo lo que necesitaba, le echaba de menos. Él siempre fue un gran proveedor; yo también trabajaba y me ocupaba de nuestros hijos y de todo en casa, mientras él estaba fuera. Al principio, discutíamos mucho sobre el tiempo que pasaba fuera, porque, aparte de ausentarse por motivos de trabajo, también tenía muchos pasatiempos que requerían su atención. Al final, no tuve más remedio que aceptarlo, así que dejé de quejarme de su ausencia y me adapté a la situación.

Como madre, me costó mucho encontrar tiempo para mí misma mientras atendía la casa y las necesidades de mis hijos. Nunca me di cuenta de lo sola que me sentía porque estaba constantemente ocupada con las actividades de ellos. Nuestra casa siempre estaba abierta a sus amigos; yo recibía a todos y disfrutaba teniendo la casa llena. Me daba una excusa para cocinar y hornear, que es lo que más me gusta. Cuidar de mis hijos era la distracción que mantenía alejada a la soledad. Empecé a sentir el vacío cuando crecieron y se independizaron; sus amigos y actividades ocupaban la mayor parte de su tiempo. Sé que todos tenemos un tiempo limitado en este mundo y en la vida de los demás. Por mucho que intenté prepararme para cuando llegara el día en que nuestros hijos se marcharían de casa, seguía siendo un reto. Cuando se marcharon, no sólo me quedé sola, sino que me sentí sola. El tamaño de la casa y las habitaciones silenciosas y vacías no ayudaban. Me centré en buscar formas de mantenerme ocupada; siempre disfruté y me encantó pasar tiempo en casa, trabajando en distintos proyectos y en las tareas domésticas.

Teníamos la bendición de contar con muchos amigos y familiares que vivían cerca. Siempre nos visitaba alguien. Era reconfortante, ya que siempre preferí el ruido y nunca me gustó el silencio ni me acostumbré a él. Mi visión para cuando llegara a este punto de mi vida, era disfrutar del tiempo que el nido vacío genera antes de dar la bienvenida a los nietos. La realidad fue muy distinta. Después de que se fueron de casa, me sentí sola mientras mi pareja seguía con sus frecuentes viajes. A pesar de lo insatisfecha que estaba con mi vida y de que visualizaba nuestra inevitable separación, no estaba preparada para enfrentar el miedo a quedarme sola.

Como siempre, el tiempo de Dios es perfecto. Aunque no estemos preparados, todo sucederá conforme a su reloj. Nuestra situación empeoraría aún más después de que nuestros hijos se fueron de casa. El se mudó a la habitación de nuestra hija. Recuerdo perfectamente que todas las noches, cuando él estaba listo para irse a dormir, yo escuchaba sus pasos encaminándose hacia ese dormitorio, seguidos por el sonido cuando él cerraba la puerta y ponía el seguro. Es un sonido que nunca he olvidado; creo que así es como suena el abandono y el rechazo. Era sumamente doloroso, y entonces fue cuando más presente estaba el miedo que tenía de niña a quedarme sola.

El distanciamiento de mi pareja revivió la creencia de que no tenia valor como persona, el mismo sentimiento que me había generado el abandono de mi padre. A estas alturas, estaba convencida de que no merecía nada mejor y seguía conformándome. Nuestra separación era cuestión de tiempo. Por muy sola, triste e infeliz que me sentía, no lograba desprenderme de él; el miedo a terminar sola era mayor. Siempre que me encontraba con personas que estaban solas, solía pensar que no lo estaban por elección propia, sino que se encontraban en ese estado por razones fuera de su control. Ahora sé que no siempre es así. Algunas personas eligen estar solas. He descubierto que el no tener apego a nada ni a nadie es donde reside nuestro verdadero poder. Sobrevivir sola aporta una sensación de libertad y empoderamiento.

Sin que yo lo supiera, el plan de Dios para afrontar este miedo era aislarme aún más, ya que sería su manera de guiarme a desarrollar la conexión más significativa de todas, la que mantengo con Él. La noche que llegué a casa y me enteré de que mi pareja se había ido, experimenté algo que nunca había sentido: un suspiro de alivio. En ese instante, decidí que tenía que adoptar un enfoque diferente si esperaba un resultado distinto. Antes recurría a familiares y amigos, pero a pesar de lo mucho que se preocupaban y querían ayudarme, sólo podían proporcionarme un alivio temporal. El ruido presente en mi vida me proporcionaba una falsa sensación de bienestar, haciéndome creer que todo iba bien. Mientras adopté esta creencia, me fue imposible conectar con Dios. El propósito del aislamiento es no tener distracciones; es la única manera de experimentar la transformación. A menudo he escuchado que los tiempos de desesperación requieren medidas drásticas, fue lo que hice. Mi sobrevivencia y bienestar dependían de las decisiones que tomaría a partir de ese momento. Para empezar, bloqueé y borré a gente de mi teléfono y de mi vida. Algunas de forma temporal, mientras que otras no volverían a ocupar un lugar. Dios necesitaba que eliminara las muletas que había usado para subsistir.

Para enfrentarme a mi miedo, Dios tuvo que eliminar los obstáculos y las distracciones que me impedían avanzar. El Señor posee la capacidad de oír mi llanto a pesar del ruido. Para mí, el ruido era un obstáculo que me impedía escuchar Su voz. La clave radicaba en silenciar el ruido para que yo pudiera escucharlo dándome las tan necesarias instrucciones. Dios eliminó todo y a todos los que se interponían en nuestra conexión, dejando abierto el único canal de comunicación necesario para ayudarme en mi proceso. Tuve que aprender a depender únicamente de Él y a confiar plenamente en Él. Tuve que aprender a permanecer quieta. Existen una razón y un propósito en todas las estaciones de la vida; había llegado el momento de afrontar y superar el miedo. Él estaba listo para restaurarme siempre y cuando permaneciera a solas y en completo silencio. En ese lugar, lejos de todo lo que consumía mi atención, con todas las distracciones y prioridades que había colocado delante de Él, cuando se disiparon, es donde mi Dios todopoderoso se reveló.

He oído la historia del Alfarero y el barro. Y ha llegado mi hora de visitar la casa del Alfarero. Él espera mi llegada. Yo soy el barro que Él ha elegido para Su obra maestra; Él ya tiene la visión del producto terminado y un plan y propósito para el recipiente. No hay tiempo que perder; Él comienza la limpieza cerniendo y eliminando las impurezas. Aquí es donde Él abordará mis miedos, mis inseguridades y todo lo que impide nuestra conexión. Esta parte del proceso es dolorosa, pero también necesaria. Es hora de resurgir viejas heridas que, con el tiempo, se han convertido en cicatrices. El hecho de que las cicatrices sean visibles, y que incluso recuerde cómo las obtuve, no significa que haya aprendido la lección. Dios me ayudó a sanar cada herida una por una. Me ayudó a profundizar y a diseccionarlas, y se aseguró de que esta vez no me conformara con solo pasar la prueba, sino que pasara el examen con excelencia.

A continuación, el Alfarero lleva el trozo de barro a la rueda y empieza a darle forma con cuidado hasta convertirlo en una vasija a su gusto. Este paso lleva tiempo porque el barro se resiste a tomar forma. Como en mi vida, mi terquedad y desconexión sólo crearon una mayor distancia entre nosotros. Lo único que conseguí con mi resistencia fue retrasar mi sanación. El Alfarero está comprometido con Su visión y devuelve el barro a la rueda tantas veces como sea necesario. Está comprometido y lo moldea hasta que está satisfecho con la vasija; nunca se da por vencido. Al fin y al cabo, el Alfarero es un maestro de su oficio. Una vez que está satisfecho con el producto terminado, lo coloca en un estante para que se seque. Este período es crítico, porque el recipiente sólo será útil si se le permite el tiempo adecuado para que seque completamente.

Durante este tiempo de aislamiento, cuando me sentía abandonada por Dios, en esos momentos de completo silencio, y cuando parecía que se había olvidado de mí, me había colocado en la repisa. Este periodo de espera me ayudó a fortalecer mi fe y, como resultado, superé obstáculos y aprendí de los retos a los que me he enfrentado a lo largo de los años. Una vez seca la vasija, el alfarero introduce la pieza en el horno para el proceso de incineración. La vasija blanda y delicada ahora es sólida y resistente. Dios me regresó al fuego. Al principio, parecía que no sobreviviría. Sin embargo, volver a ponerme en el fuego me recuerda que las pruebas de mi vida son para darme fuerza, y por eso aguanté el calor. Me puso a prueba una y otra vez hasta que pasé. Mi compromiso con el Señor durante este tiempo resultó en una relación y una fe sólida y eterna. Mientras el Alfarero sostiene el producto terminado, se deleita en Su creación; Su obra maestra está ahora lista para su propósito.

Siempre me maravilla la gracia de Dios. Él esperó a que me quedara quieta, luego tomó cada pieza y me armó de nuevo, usando Su amor como pegamento para sanarme. Esta experiencia me ayudó a descubrir el increíble poder que tiene el sentarme a solas con Dios. La palabra de este capítulo es "promesa", porque es lo que la frase significa para mí; hay varios sinónimos de "promesa", como compromiso, contrato y pacto. Lamentablemente, la mayoría de nosotros no comprendemos su verdadero significado o definición. Me siento bendecida por saber que desde el momento en que Dios me creó, estableció un pacto entre nosotros, lo que significa que a través de todo, Él está a mi lado; no necesito temer, porque nunca estoy sola. En Jeremías 29:13 Dios dice: "Y tú me buscarás, y me encontrarás cuando me busques de todo corazón". Dios quiere que entre a la siguiente temporada transformada por este recordatorio, mientras me ayuda a liberarme después de vivir años con miedo al abandono y al rechazo. La sensación de desconexión con Dios nunca se debió a que Él me hubiera abandonado, sino a que yo esperaba que otros me dieran respuestas y seguridad, cuando debería haber buscado sólo a Dios. Es difícil encontrar un grano de positividad en ciertas situaciones, como lo fue para mí cuando perdí a mi familia y la vida como la conocía. Aunque algunos acontecimientos inicialmente provoquen miedo, la bendición radica en estar solo a pesar de la incertidumbre, porque esos momentos fueron los que consolidaron mi fe.

A lo largo de la historia, hubo momentos en que Dios guardó silencio, haciendo que los creyentes cuestionaran su disponibilidad y sus promesas, pero era una prueba para incrementar su fe. Aprendí que nunca debo interpretar el silencio de Dios como ausencia. Su voz se escuchará en este lugar de completa separación y aislamiento. Encontré mi fuerza y mi valor, y es porque sé que en los momentos más oscuros, en medio del miedo y el dolor paralizante, Él estaba allí. Finalmente comprendí que Él es mi Dios omnipresente. Estuvo a mi lado todos estos años, esperando pacientemente a que me quedara quieta, lo que con certeza puedo decir, me llevo a escuchar Su consoladora, y amorosa voz. Después de terminar este capítulo, ésta es una de mis oraciones: "Señor, gracias por silenciar los ecos del pasado, por permitirme escuchar tu voz a través de la quietud del presente, y por darme esperanza para esperar el dulce sonido del futuro".

Nota para el Lector: Recuerda… Su Promesa

Es muy probable que la mayoría creemos que existe un Dios o algo más grande que nosotros. Para mí, ha sido y siempre será Jesús. Conectar con Dios no requiere ninguna fórmula o ritual complicado; sólo requiere hacer una elección. Él mira nuestro dolor y escucha nuestros clamores. Sin embargo, para poder escuchar su voz, tenemos que silenciar el ruido. En este lugar de completa quietud, escucharemos su voz y descubriremos la fuerza que Dios nos ha dado y que desconocíamos. Cuando llegues a la casa del Alfarero, permítele que te moldee como la obra maestra que Él quiere que seas. Dios planea despojarnos de todo lo que nos impide conectar con Él. En este proceso, Él remueve los obstáculos que nos han paralizado en el pasado, y pacientemente nos concede el tiempo para superar todo lo que hemos vivido, mientras Él nos revela las lecciones de los desafíos que hemos enfrentado a través de los años. Tu viaje será único y específico para ti. Ninguno de nosotros pasa por las mismas situaciones, reacciona de la misma manera o termina en la misma condición. Pero ten por seguro que el Alfarero sabe cómo es el producto terminado; Dios nunca ha perdido de vista Su visión para nuestras vidas ni el propósito de Su vasija. Una vez que eliminemos todo lo que nos impide establecer la conexión, experimentaremos una relación absolutamente increíble con Él, mientras nos recuerda Su hermosa promesa y nos reafirma que nunca nos ha abandonado. Estad quietos y sabed que Él es Dios.

CAPITULO 5

Amor

YO soy un Dios justo.

Porque tanto amó Dios al mundo que dio a su Hijo único, para que todo el que cree en Él no se pierda, sino que tenga vida eterna.

—*Juan 3:16, NVI*

Uno de los versículos de la Biblia dice: "Conoceréis la verdad, y la verdad os hará libres" (Juan 8:32). Esto significa que, para alcanzar la libertad, hay que conocer a Dios, que encarna la verdad. El término "conocer" se refiere a la intimidad. Por lo tanto, para poder liberarme de todas mis cargas, debo estar dispuesta a acercarme a Dios en un estado vulnerable, sin intentar ocultar mis pecados. Al momento de contar mi historia, existen muchas maneras de disfrazarla, más aún cuando hay vergüenza de por medio, y abundan las razones para intentar justificar determinados comportamientos. Sin embargo, cuando empecé a escribir este libro, me di cuenta de que era necesario ser transparente y responsabilizarme de todas mis acciones. Aunque no estaba preparada para revelar ciertas partes de mi vida, ocultarlas sólo conseguiría retrasar mi sanación y a la vez limitaría el impacto que mi historia pueda tener en los demás. He sido prisionera de mi pasado y llevo demasiado tiempo buscando la libertad.

A lo largo de mi vida, me he enfrentado a un gran número de experiencias desafiantes, y ahora está claro que en varias ocasiones debí haber adoptado un criterio diferente, sobre todo cuando el resultado no era positivo y estaba lejos de ser lo que esperaba. Cuando solía oír "Dios es justo" como parte de un sermón, lo percibía como un intento de persuadirme para que confesara mis transgresiones sin dudas ni miedo, como si esas tres palabras fueran un incentivo para buscar el perdón de Dios.

Al comenzar este trayecto, pensé que escribiría un diario personal y, en cuanto estuviera completo, lo quemaría o destruiría, ya que lo último que deseaba era exponer los momentos más vergonzosos de mi vida; pero descarte esa idea al descubrir el tremendo poder sanador que contiene este mensaje. Dios quiere que comparta lo que he aprendido. Mi motivación para hacerlo radica en que he experimentado un crecimiento significativo y avanzado en mi proceso de sanación. Después de todo, la vida no es más que un eterno salón de clases, en el cual nos beneficiamos cuando estamos dispuestos a compartir las lecciones aprendidas durante nuestras experiencias. Es un reto compartir algunos aspectos de mi vida, porque inclusive las palabras infidelidad y abuso suenan vergonzosas. Es complicado hablar de estos temas y aún más, escribir sobre ellos, porque han contribuido enormemente a la vergüenza con la que he vivido durante gran parte de mi vida.

Hay muchas experiencias en mi vida donde no actué de la mejor manera, pero son más fáciles de aceptar y compartir, que las que me han provocado mas vergüenza y que compartiré en este capítulo. El mensaje en su totalidad nos recuerda de una manera hermosa que Dios planea remover el peso del miedo, la ira, la culpa, la vergüenza y el lamento bajo los que he estado viviendo y con los que, tristemente, muchos de nosotros estamos familiarizados por una u otra razón. Estas emociones son lo suficientemente poderosas e interfieren cuando intento conectarme con Él. Sé perfectamente que la oración y la comunicación fortalecen nuestra relación con Dios. Pero últimamente he restringido lo que estoy dispuesta a admitir respecto a mis errores. Cuando era joven, nunca dudé en compartir con Él lo que ocurría en mi vida. No me sentía intimidada; era sincera y nunca oculté nada. Las veces que ocultaba algo por miedo a decepcionarle, al recapacitar que había hecho algo mal, al final siempre terminaba con mi confesión. De adulta, cuando mis decisiones y acciones fueron más trascendentes, mi disposición para compartirlas con Él fue más reservada. Las oraciones se tornaron más cortas y menos frecuentes. Lo atribuyo a mi vergüenza; la cual se convirtió en un obstáculo. Fue inútil tratar de minimizar el poder de mi Dios omnipresente, que ya conoce todo de mí.

El primer contribuyente de la vergüenza con la que he vivido se originó con el abuso que experimente. Es un requisito que revelara que había vivido con miedo e ira, lo que me llenó de culpa. Poco después llegó la vergüenza y el lamento por cómo había reaccionado. Para mí, entender cómo iban de la mano fue fundamental en este proceso, ya que al comprenderlo empecé a perdonarme a mí misma. Esta nueva percepción me ayudó a afrontar la culpa por todo el dolor que causé al liberar mi ira acumulada, la cual me convirtió en agresora. Si Dios no me hubiera revelado lo estrechamente relacionados que están el miedo y la ira, es probable que yo no hubiera hecho la conexión. La palabra de este capítulo es amor. Nunca existió un momento en el que no me sintiera amada por Dios, pero desde pequeña desarrollé la creencia de que Su amor dependía de mi obediencia y buen comportamiento. Y este razonamiento me impidió centrarme en la característica más importante de Dios: Él es amor. Es la esencia de Su identidad. Él es la definición de la palabra, por lo tanto, conoce mi versión más cruda y auténtica, y aun así me acepta y me ama.

Lamentablemente, en lugar de reconocer que Dios es el único que tiene el poder de validar nuestra existencia, buscamos la aceptación y la aprobación de nuestros semejantes. El problema es que todos estamos inmersos en el mismo estado de negación de nuestra realidad, intentando maquillar nuestra condición quebrantada. Vivimos engañados buscando la aprobación superficial de parte de los demás, lo cual no requiere responsabilización de nuestros actos y por lo tanto no nos brinda la redención. Utilizamos excusas y culpamos a los demás, y luego ocultamos las experiencias vergonzosas de nuestras historias por miedo a ser juzgados, porque sin duda nos enfrentaríamos a la crítica de la sociedad.

En cambio, vivimos vidas pretenciosas con apariencias cuidadosamente elaboradas. Hoy en día, con las redes sociales, nuestra imagen es más valiosa que nuestro carácter. A menudo juzgamos y condenamos a los demás por lo que han vivido sin antes saber quiénes son. Nos formamos opiniones incluso antes de conocer a alguien, a veces sólo por las apariencias externas. Esto valida la frase "Juzgamos un libro por su portada". Se nos presiona y se espera que nos adaptemos al "molde" o a las expectativas de la sociedad. Si nos quedamos cortos según la opinión o los estándares de otra persona, el veredicto es que ya no merecemos ser incluidos. Y esto nos presiona más para ocultar nuestros pecados y errores. Debemos proceder con cautela cuando creemos que somos mejores que quienes, en nuestra defectuosa opinión, muestran un comportamiento cuestionable. Todos estamos a una sola decisión o circunstancia de pecar, de acabar arruinados, posiblemente sin hogar, o, en el peor de los casos, tras las rejas, perdiendo la libertad y la vida. Ninguno de nosotros está exento de que su vida cambie en una fracción de segundo. Es fácil criticar a los demás hasta que nos enfrentamos a una experiencia vergonzosa a consecuencia de nuestras malas decisiones o de la de nuestros seres queridos. La única diferencia entre aquellos a los que ridiculizamos y nosotros mismos es que algunos somos más hábiles a la hora de ocultar nuestras vidas imperfectas.

La vergüenza es una emoción que eventualmente vamos a experimentar y todos nos vamos a familiarizar con ella debido a nuestra imperfecta naturaleza humana. Desde que tengo uso de razón, he creído que existen dos balanzas imaginarias para medir el grado de culpa y castigo por nuestros pecados y errores. El hombre tiene una balanza, y la otra le pertenece a Dios. No sé hasta qué punto es justa la balanza del hombre porque, curiosamente, los que creen que pueden juzgar también justifican y excusan conductas específicas para evitar rendir cuentas. Hay un beneficio innegable al usar la balanza del hombre para medir el grado de nuestros pecados o errores; su clemencia permite variables para justificar nuestro "comportamiento inaceptable". Nos permite culpar a otros y a nuestras circunstancias para justificar nuestras acciones. Esta balanza es peligrosa porque se aplica en base a las percepciones limitadas o quizás erróneas que tienen los demás acerca de nuestro carácter. Porque si somos honestos, ¿con qué frecuencia compartimos la verdad de nuestra cuestionable participación en determinadas situaciones? Utilizar esta balanza es una solución temporal; sólo retrasa la conversación que debemos entablar con nuestro Creador.

En contraste, el beneficio de usar la balanza de Dios para medir el grado de nuestros pecados y errores, es que Él conoce hasta lo mas profundo de nuestros corazones. Dios mira las pruebas claras y reales de mis intenciones, y sin que yo diga una sola palabra, Él conoce mi verdadero carácter, no lo que intento proyectar. No le puedo ocultar nada; Dios es el único que conoce a mi verdadero yo. Afortunadamente, el único con todo el poder para condenar practica la misericordia y la gracia. Y aunque hemos innovado el uso de filtros y tratamos incansablemente de proyectar un estado de perfección, debemos recordar que Dios mira a través de todos los filtros. Él conoce cada uno de nuestros defectos y aun así nos ama. La perfección sólo le pertenece a Dios; ninguno de nosotros se le acerca. No debemos olvidar Romanos 3:23: "Por cuanto todos pecamos, y estamos destituidos de la gloria de Dios".

Y llegó el momento perfecto para hablar de mi segundo contribuyente que me avergüenza: mi infidelidad. De los dos, éste es el más penoso de compartir. Pero tome la decisión de no dejar que mis emociones controlen mi narrativa. No obstante, quiero ser prudente al escribir sobre este tema porque puedo llegar a justificar mi comportamiento. Y como la balanza del hombre permite la manipulación, es donde mi naturaleza humana puede encontrar consuelo momentáneo. Para mí, la balanza espiritual es más importante. No resulta fácil ser tan transparente al abordar esta parte de mi vida y sentirme vulnerable, pero me he quitado un peso que he cargado durante muchos años.

Obedecer la petición del Señor de confesar toda mi historia es lo que me ha dado el valor con el que vivo hoy. Por fin, Él me liberó. A lo largo de los años, he tenido varias conversaciones con familiares y amigos, y ellos han compartido sus opiniones sobre si se trató o no de una " infidelidad ". En general, tienden a estar de acuerdo en que tuve muchas razones para justificar mi decisión de seguir adelante. Pero no comparto del todo ese punto de vista. Acepté que la relación con mi pareja era irreparable. Dejar mi hogar fue difícil, pero no me quedaba otra opción, ya que él se resistía a mudarse. Me encontraba en uno de los momentos más bajos de mi vida. Fue entonces cuando conocí a alguien inesperadamente. No sé si el hecho de explicar mi estado emocional significa que intento justificar mi comportamiento. Esa no es mi intención, porque yo decidí entrar en esa relación. Asumo toda la responsabilidad, como corresponde. Pero sé que nuestro estado emocional influye en nuestras decisiones, a pesar de tener bien definidos nuestros valores.

En aquel tiempo yo trabajaba en un banco y nos conocimos a los cinco días de ser públicamente humillada en una boda con mi pareja. Esa noche descubrí que él estaba teniendo una aventura porque el objeto de su infidelidad también se encontraba presente. Puede resultar sorprendente, teniendo en cuenta los años vividos en un entorno tóxico, pero hasta ese día nunca había experimentado ese nivel de humillación. Por desgracia, enterarme no fue el único motivo del penoso episodio. Sentí tanta vergüenza cuando decidí abandonar la boda; varios invitados fueron testigos de su comportamiento agresivo mientras me dirigía a mi auto. En ese momento, sólo quería ser invisible. Este suceso me obligaría a dejar mi casa; no lo sabía entonces, pero resultó ser una bendición inesperada.

Dentro de la palabra "traición" existe tanto poder destructivo. Aunque hubiese tenido una gota de autoestima, amor o bondad hacia mí misma, enterarme de su infidelidad terminó por dejar un saldo negativo en mi cuenta. Me llevó a cuestionar todo acerca de mí misma. Recuerdo mirarme al espejo aquella noche y desesperadamente intentaba encontrar algo atractivo o positivo, pero no lo conseguí. No se trataba sólo de mi físico; me miré larga y profundamente para ver si encontraba a la mujer que solía conocer, la que había estado escondida durante tanto tiempo. Ella se había marchado hace tiempo; tuvo más sentido común que yo, que me había quedado donde no pertenecía. Todo lo que veía era decepción y fracaso mirándome fijamente. Su infidelidad borró lo que quedaba del ya vago recuerdo de la joven llena de ilusión y esperanza, cuando él me propuso ser su novia. En ese momento, creí que por fin había encontrado un lugar al que pertenecía.

Cada situación que vivimos tiene como objetivo enseñarnos una lección. Sin embargo, la rabia, el dolor y la decepción que se apoderaron de mí en aquel momento, me impidieron comprender lo ocurrido. Afortunadamente, no tardé en darme cuenta de que esa experiencia me reveló una traición peor que la del engaño del hombre al que amaba. Fue la que cometí contra mí misma, mi traición. Sin duda, ésta es la que más duele. Perdí años valiosos de mi vida y, lo peor de todo, también mi identidad. Irónicamente, la relación que esperaba que colmara mi anhelo de pertenencia fue en la que también perdí de vista quién soy. En retrospectiva, estoy agradecida por lo que ocurrió aquella noche; fue la tormenta que vino a abrirme el camino, conduciéndome a encontrarme a mí misma.

A lo largo de los años, he conocido a muchas personas extraordinarias que, sin saberlo, llegaron a mi vida para añadirme valor; este hombre figuraba entre ellas. Sé que vino a recordarme lo que había olvidado: Merezco amor y respeto. De todas mis experiencias, ésta ocupa el primer lugar en la categoría "agridulce". Me refiero a que esta relación tuvo un impacto positivo en mi vida, a pesar de que no fue en el momento adecuado. Aunque me habría gustado que nos hubiéramos conocido años más tarde, cuando yo estuviera lista. En ese momento, no me di cuenta que este encuentro le daría un giro imprevisto a mi vida. Decir que esta relación fue inesperada es expresarlo a la ligera. Nunca creí que caería en la tentación, pero me resultó difícil evitarlo porque por primera vez en mucho tiempo, tuve la sensación de que le importaba a alguien. Estoy consciente de mis defectos, y también lo están todos los que me rodean. Siempre me he considerado un libro abierto. Lo que me sorprendió es que él se fijó en mis cualidades y se centró en mí, la persona, no en mis debilidades y defectos.

Recuerdo el día en que nos conocimos. Era uno de esos días en los que tenía prisa y nada funcionaba a mi favor. Mi cabello no cooperaba y me tenía que ir a trabajar. Al echarme un último vistazo en el espejo antes de salir, pensé: " ¡Me veo horrible!". Pero era demasiado tarde para intentar arreglarme el peinado. Nunca imaginé que ese "día de cabello mal peinado" iba a cambiar mi vida. Ya era tarde; estaba distraída y no me di cuenta de que él estaba en el mostrador de servicio.

Curiosamente, esa tarde no había ningún cliente; estaba tranquilo. Había venido porque envió una transferencia a Europa y su cuenta estaba bloqueada. Procedí a ayudarle con su problema. Me dijo que su familia vivía en el extranjero y que los fondos eran para la manutención de sus hijos. Después de resolver su problema, me enseñó fotos de sus dos hijos, me dijo cuánto los extrañaba y mencionó que él y su esposa se estaban divorciando. Durante nuestra conversación, habló con cariño de su familia, era obvio que los echaba de menos. Solía visitar la sucursal; mi compañera y amiga era su agente bancaria. Todos terminamos haciéndonos buenos amigos y empezamos a pasar tiempo juntos. Era agradable hablar con alguien que prestaba atención y mostraba interés en lo que yo contaba. Es un hombre inteligente y muy seguro de sí mismo. Era difícil no sentirme atraída. Había en él cierta dulzura y amabilidad, y él también estaba buscando encontrarse a sí mismo debido a su situación personal. Es introvertido y un poco misterioso, así que me sorprendió cuando expresó interés por mí. Me reveló que se sentía atraído poco después de conocernos. Le dije que lo único que podía ofrecerle era amistad porque no estaba preparada para nada más, y estuvo de acuerdo.

La mayor parte del tiempo manteníamos conversaciones telefónicas y hablábamos todas las noches. Descubrimos un tipo de intimidad que surge cuando conectas profundamente con el alma de alguien. Me sentí completamente comprendida, aceptada sin ser juzgada y me sentí libre de poder ser yo misma. Experimenté un nuevo tipo de sensación: me sentía segura en su presencia, libre de miedo. Para mí, sentirme segura era el mejor aspecto de nuestra relación. Pero me preocupaba constantemente a pesar de ser prudente y discreta; en el fondo, sabía que ambos estábamos en peligro, a pesar de que yo vivía sola. Me preocupaba cómo reaccionaría mi pareja a pesar de nuestra separación. Durante unos meses, no prestó atención a lo que yo hacía; estaba demasiado distraído. Tal como había previsto, se disgustó cuando se enteró de que estaba siguiendo adelante con mi vida y empecé a preocuparme por nuestra seguridad. Finalicé la relación por varias razones, sobre todo para protegerlo.

Cuando todo terminó, me quedé desconcertada. Estuvo mal, desde el punto de vista espiritual y moral, pero ya era tarde para no visualizar la posibilidad de una relación amorosa y saludable. Se había abierto una ventana con una vista serena en la que podía verme viviendo en paz. Durante años, sentí una culpa terrible. La angustia espiritual era insoportable. Al leer esta frase, supe que el Señor tenía planes para abordar el abuso y mi infidelidad, las dos fuentes principales responsables de mantenerme esclavizada. Después de involucrarme en esa relación, me sentía muy avergonzada. No es fácil exponer una relación que ocurrió porque traicione mis valores. Pero fingir y negar nuestros sentimientos y experiencias es incorrecto y no es forma de vivir. Quiero asumir la responsabilidad de mis pecados y errores. Y también reconocer y aceptar todas las emociones positivas, como el amor, sin que sea motivo de vergüenza.

Si pudiéramos predecir y medir la devastación que se produce después de una infidelidad, la mayoría de nosotros probablemente nos abstendríamos. Mi decisión dañó a mucha gente; por desgracia, algunos aún sufren sus repercusiones. El cóctel de emociones que se produce también es algo que uno nunca tiene en cuenta. Hubo momentos en los que busqué y encontré razones para justificar mi infidelidad y aliviar mi sentimiento de culpa. Otras veces, sentía remordimiento, decepción y vergüenza. Fue doloroso romper mi pacto con Dios y con mi pareja. El resultado fue una desconexión temporal con Dios y una desconexión permanente con el hombre que había amado.

Cuando nos enfrentamos a la pérdida de una relación, recibimos apoyo de quienes nos rodean mientras intentamos reconstruir nuestras vidas. Todos tenemos una forma única de ver las cosas. Debo decir que no me sorprendió que sus comentarios me favorecieran, ya que creían que yo tenía suficientes motivos que justificaban mi infidelidad. Indudablemente, para justificar mis actos utilizaron la balanza del hombre. Sin embargo, mi objetivo principal es restablecer mi relación con Dios. También tuve que asimilar el dolor que le causé a mi pareja. La venganza es una acción muy destructiva, pero la verdad, al menos para mí, no fue mi motivación para entrar en aquella relación.

Sin embargo, esta lógica no excusa ni disminuye el dolor causado por mi decisión. En retrospectiva, desearía haber sido consciente y capaz de evaluar el nivel de dolor que provocaría mi decisión. Pero no lo hice y no puedo cambiarlo. Al fin y al cabo, sólo arreglamos las cosas cuando se rompen. Así es el proceso de la vida. Desde el principio, debí ser honesta conmigo misma, dejar la relación en la que ya no estaba segura ni feliz, sanar y seguir con mi vida. No digo que esto evitaría el dolor que causé, pero podría haber sido más fácil para los demás aceptar mi decisión.

La frase de este capítulo consigue tranquilizarme de forma instantánea porque, a pesar de mi defectuosa naturaleza humana, mi Dios todopoderoso me comprende. La honestidad y la transparencia son fundamentales si el resultado que espero, es liberarme de todo lo que me ata. Dios es mi fiel compañero. Él ya conoce todo sobre mi vida. Él me estaba esperando para iniciar nuestra conversación. En vez de dejar que el miedo y la vergüenza me detengan, lo que me motivó fue enfocarme en la paz y la libertad que encontraría después de asumir la responsabilidad de mis acciones. Una vez que el Señor me perdonó, recobré la libertad. El tiempo de sanar, dejar ir y seguir adelante debió haber llegado mucho tiempo atrás.

Sin embargo, cada etapa de mi vida tiene una forma interesante de enseñarme una lección. Como hija, tuve problemas con mis padres. A veces me sentía con derecho a juzgarlos por los errores que cometían. Como era de esperar, después de convertirme en madre, tuve mis propios retos y desafíos, que afectaron mi juicio y me llevaron a tomar malas decisiones. Ahora veo lo injusta que fui al juzgar a mis padres. Todos somos víctimas de las circunstancias, del entorno en el que nacemos, y no podemos controlar cómo nos afectará. A pesar de ello, todos intentamos hacer lo mejor que podemos con lo que sabemos en ese momento. En mi caso, todo comenzó con el dolor y el rechazo que me produjo la ausencia de mi padre. Mi padre nunca tuvo ni idea de cómo me afectaron sus decisiones y acciones. Sé que él jamás tuvo la intención de hacerme daño; simplemente sucedió así.

Hasta el día de hoy, me cuesta aceptar que nuestros hijos estuvieron sentados en nuestro salón de clases y nosotros, como sus padres, fallamos en impartir las lecciones apropiadas. Por desgracia, no tengo otra oportunidad de enmendar las cosas. Nuestros hijos eran espectadores inocentes. Yo me concentré en satisfacer y llenar todas sus necesidades físicas, pero nunca supe cómo cuidar de su bienestar emocional. La disfunción de nuestra relación de pareja los introdujo a diversas emociones, principalmente la inseguridad y el miedo. Lamentablemente, la versión de mí que probablemente recuerden, es la de la persona enojada y quebrantada en la que me convertí tras mi primer encuentro con la violencia.

Ambos padres deben compartir la responsabilidad de su contribución al entorno enfermizo. Pero por ahora, me toca a mí compartir mi versión de la historia. Nunca intentaré diluir o justificar cómo mis decisiones les perjudicaron. Asumo toda la responsabilidad. Ruego por que algún día puedan separarme de mi papel de madre, no para justificar mis actos, sino para reconocer mi imperfecta naturaleza humana. Y, por fin, me comprendan y me perdonen, como yo pude perdonar a mi padre. Me empeño en reconocer y corregir las áreas en las que todavía tengo que trabajar y en esforzarme continuamente por mejorar. Dios sabe que siempre hay lugar para ello. Pero sé que soy cariñosa y compasiva a pesar de mis defectos. Lo sé porque el Señor amablemente me lo ha recordado. Mis mayores bendiciones son mis hijos y mi nieto. Y aunque no puedo eliminar su dolor o resentimiento, sí puedo compartir la bendición de este mensaje con ellos y esperar que se encuentren con el Señor y sanen como yo lo he hecho. El plan de Dios es sanarnos y restaurarnos a todos.

Reconocer que Dios siempre se dirige a mí con amor me ha enseñado a tratarme con compasión. Después de todo, mi Salvador sabe que soy una colección de piezas rotas que están vinculadas a diferentes personas y experiencias. Asumir mi responsabilidad ha sido esencial en mi crecimiento y en mi nueva perspectiva. En mi juventud, yo veía a Dios como un juez esperando condenarme, pero ahora entiendo que Él es amoroso, misericordioso y justo. Él sabía que me enfrentaría con tentaciones, pruebas, dificultades y fracasos que me dejarían repleta de culpa, vergüenza y remordimiento. Sin embargo, el amor infinito y la misericordia eterna de Dios demuestran que Él sólo puede ser justo con Sus hijos. Me demostró Su compasión sin juzgarme y me recordó que Su gracia ya me salvó. Escribir este capítulo me ha ayudado a entender profundamente Su amor, y le estoy eternamente agradecida porque sé que soy redimida. Él me dice: "Ven a mí; Yo te amo tal como eres". Esta frase me recuerda que Su misericordia nunca caduca, y yo nada puedo hacer para perder Su amor. Y descanso, consciente de que Él es siempre un Dios justo, desde ahora y hasta la eternidad.

Nota para el lector: Recuerda… Tú Eres Amado.

La apariencia se ha convertido en una palabra que nos consume. Ponemos gran empeño en crear una imagen distinta de lo que somos para impresionar a los demás. Nos esforzamos incansablemente por conseguir la imagen de la perfección y el éxito; a cambio, renunciamos a nuestra paz e incluso a nuestra felicidad. Todo este esfuerzo puede hacernos más envidiables, deseables e incluso agradables según los criterios de la sociedad, pero eso es todo. Usamos curitas para cubrir nuestras heridas y filtros para mejorar nuestra imagen con la intención de impresionar a familiares, amigos y desconocidos. En nuestra búsqueda desesperada de atención y aprobación, renunciamos a nuestro poder cuando permitimos que los comentarios de personas imperfectas como nosotros nos condenen. Vivimos una vida falsa. Que es otra forma de decir que vivimos una mentira. Todos tomamos decisiones de las que no nos sentimos orgullosos y hemos vivido experiencias que nos han cambiado y nos han llenado de vergüenza. Las ocultamos porque, si salen a la luz, nos convertiríamos en el objeto de juicios y burlas. Estamos llenos de emociones negativas que nos convencen de que no somos dignos de la misericordia y el perdón de Dios. Y en nuestro intento de ocultar o negar nuestra realidad, nos convertimos en esclavos. La verdad es que buscamos aceptación y aprobación, lo que nos lleva a generar y perseguir una definición errónea del éxito. Con el tiempo, nos damos cuenta de que pagamos un alto precio por la comodidad temporal y las recompensas insignificantes.

Quizá debemos preguntarnos si es tan importante tratar de impresionar a quienes llevan máscaras para ocultar su dolor y sus inseguridades, o desviar nuestra atención hacia nuestro Creador, que nos llama a presentarnos ante Él desnudos, finalmente expuestos, sin seguir culpando a los demás de nuestros errores y pecados. Dios se alegra cuando llegamos a Él como el desastre que genuinamente somos. Nunca podremos impresionar a Dios, ni con lo que poseemos ni fingiendo ser alguien lejos de lo que somos. La Escritura dice: "La verdad os hará libres". Un paso esencial para descubrir la forma de éxito que realmente vale la pena perseguir, se produce cuando miramos hacia nuestro interior y dejamos de culpar a los demás de nuestra condición actual. Cuando asumimos la responsabilidad de nuestros actos, la vergüenza forma parte del pasado. La frase de este capítulo es una invitación a presentarnos tal como somos. Nos recuerda que la redención forma parte del plan de Dios porque somos más que nuestros errores, fracasos y pecados. Él nos está diciendo: "Deja de esforzarte tanto. Sé quién eres y veo tu dolor. Recuerda, YO soy un Dios justo. Te comprendo, y te amo porque YO soy amor".

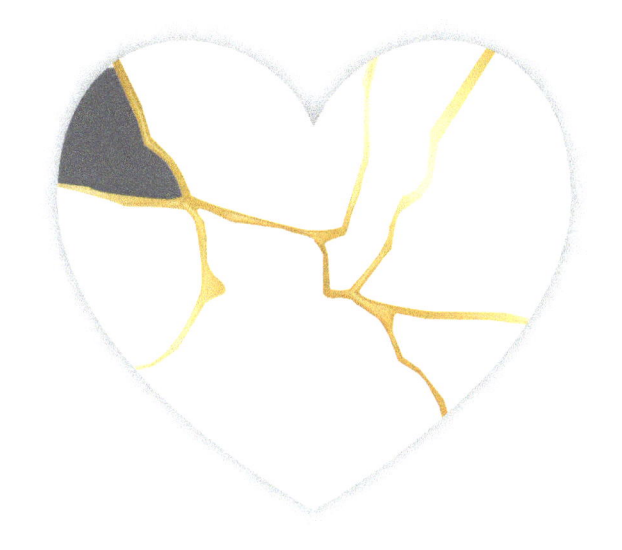

CAPITULO 6

Esperanza

*Te guiaré y te liberaré del pasado;
debes de confiar en mí.*

Porque yo conozco los planes que tengo para ustedes —afirma el Señor—, planes de bienestar y no de calamidad, a fin de darles un futuro y una esperanza.

—*Jeremías 29:11, NVI*

He vivido lo suficiente como para saber que la pérdida, forma parte de nuestras vida. Aun sabiendo que inevitablemente llegaría, no estaba preparada para afrontar el dolor, el sufrimiento y el vacío que conlleva. Fue un reto aprender a vivir sin las personas a las que amo y sin las cosas que antes formaban parte de mi vida; me resultó difícil aceptar mi nueva realidad. Descubrí que la emoción que me mantiene atada al pasado es el lamento. Perdura mucho después de que la persona se ha ido y la tinta en el decreto del divorcio se ha secado. El lamento es el ancla que nos mantiene atados al pasado, incluso después de que la sanación ha abierto un nuevo camino. A lo largo de mi recorrido, fue esencial regresar a mi pasado para poder llegar hasta donde me encuentro hoy. Este proceso me forzó a analizar cada experiencia y aprender las lecciones requeridas. Aunque he adquirido un amplio conocimiento sobre dónde y cuándo adquirí mis emociones y por fin entiendo por qué reaccioné como lo hice, es necesario aplicar una nueva perspectiva para escribir este capítulo. Decir que este trayecto me ha transformado significativamente es subestimarlo. Desde que me he independizado, he alcanzado varias metas. Me siento diferente y sé que soy diferente; he progresado. Sin embargo, aún me resulta difícil seguir adelante.

Sin duda, el Señor ha estado conmigo, guiando mis pasos hacia mi propósito. Me ha recordado que el aspecto esencial de mi identidad, es que soy hija del Dios todopoderoso. A través de este recordatorio, Dios estableció los cimientos para la sanación. A continuación, me ayudó a comprender la conexión entre el miedo y la ira, permitiéndome recuperar mi fuerza y mi valor, que sin saberlo, formaban parte de las herramientas que necesitaba cuando acepté su invitación a reunirme con Él en la cima de la montaña. Durante mi ascenso, el Señor fortaleció y reforzó mi fe. No lo sabía en aquel momento, pero la fe es un requisito previo para el siguiente capítulo, donde Él planeó aislarme para ayudarme a descubrir el inmenso poder que uno puede encontrar estando a solas. Me di cuenta de que nunca estuve sola; Él siempre me ha acompañado, proporcionándome consuelo y esperanza. El Señor ha sido mi compañero y ha sido el testigo constante de toda mi vida. Quiere recordarme que soy comprendida, perdonada y amada a pesar de mi naturaleza pecaminosa. Sé que el amor de Dios es puro y sincero. Sin embargo, incluso después de todos estos hermosos y poderosos recordatorios, sigo estancada, con temor de seguir adelante.

Siempre me he preguntado por qué la frase de este capítulo está situada hacia el final. Me confundía porque después de lo largo de mi camino recorrido, creía que ya había sanado. Pero al igual que en los capítulos anteriores, Dios revela la razón y el significado de cada frase en el momento preciso. Ya entiendo perfectamente por qué está hacia el final del libro. A pesar de todo el crecimiento y el progreso adquiridos, a medida que aprendía a dejar ir el pasado, aún necesitaba descubrir cómo avanzar. Dejar ir y avanzar son dos declaraciones que se usan demasiado y, francamente, se subestiman. El compromiso y la disciplina necesarios para ponerlas en práctica van más allá de la simplicidad que implica leerlas.

Varios lazos me mantienen atada al pasado, pero lo que más ha influido en mi vida ha sido la relación con mi padre, o, debería decir, la falta de relación. El falleció el 30 de diciembre de 2009, justo después de cumplir cincuenta y nueve años. Cuando yo era joven, decía: "Si muere antes que yo, no asistiré a su funeral". Este razonamiento se debía a que creía que no le debía nada, ya que él nunca había estado presente para mí.

Hace varios años, mi familia y yo asistimos a un servicio religioso en el que el mensaje trataba sobre el perdón. El pastor dijo que el perdón nos sana y nos libera del resentimiento, la ira e incluso del odio que podemos estar cargando. Añadió que muchas veces las personas a las que tenemos que perdonar han seguido adelante con sus vidas, mientras que nosotros seguimos viviendo con esas emociones que nos roban la paz. Hasta ese día, nunca pensé que yo llevaba una gran carga llena de esos sentimientos. Durante demasiados años, estuve enojada y llena de resentimiento hacia mi padre, y él ni siquiera se daba cuenta, ni tampoco parecía importarle. Decidí que había llegado el momento de perdonarle y me comprometí a desprenderme de todo lo que me agobiaba. Nunca es demasiado tarde para practicar el perdón y cerrar el ciclo, me consuela saber que la misericordia de Dios nunca caduca con respecto a mi redención.

La mañana que me llamó mi hermana para decirme que uno de nuestros hermanos le comunicó que nuestro padre acababa de fallecer de un infarto fulminante, no podía creerlo. En México, el entierro es al día siguiente; el velorio se realiza la misma noche del fallecimiento. Mientras me arreglaba, me sentí desconcertada y abrumada por sentimientos que nunca había previsto experimentar. Cuando llegué, me sentí incómoda y fuera de lugar. Había muchos familiares y amigos, a la mayoría de los cuales no conocía. Tenían el ataúd abierto. Me sentí profundamente triste cuando lo vi; no pude contener las lágrimas. Lo primero que me vino a la mente fue que nunca le dije que lo había perdonado. Y lo que era peor, nunca le ofrecí una disculpa. Toda mi vida, en cada oportunidad que tuve, expresé mi enojo con él por su ausencia y por ser un pésimo padre. Utilicé comentarios sarcásticos para no sonar mezquina, grosera o irrespetuosa. Parada frente a su ataúd, no pude evitar recordar la última vez que lo vi; habían pasado unos tres años.

Para entonces yo ya lo había perdonado, por lo menos eso creía. Me encontré con mi padre y uno de mis hermanos en un supermercado. Mantuvimos una agradable conversación. De repente, le sorprendí mirándome; sonrió y se acercó para abrazarme. Ese día me miró con una calidez que nunca he olvidado. Por primera vez, pensé que me quería e incluso que estaba orgulloso de mí. Por un momento, tuve la esperanza de que lamentara no haber formado parte de mi vida y pudiera compensar el tiempo perdido. Nunca dijo una palabra. Fui yo la única que pensó que quizás esos pensamientos pasaron por su mente. Sólo le vi un par de veces después de perdonarle, así que esos encuentros fueron agradables. Al día siguiente fui sola al servicio. Mi pareja y los niños no me acompañaron y, al sentarme sola, me sentí como una extraña, quizá porque eso era lo que mi padre había sido para mí. Pensé en lo irónico que resultaba que todos los presentes conocieran a mi padre más que yo, y por eso me sorprendió mi abrumadora tristeza.

En la víspera de Año Nuevo, se celebró la misa de cuerpo presente. A lo largo de los años, escuchaba historias sobre el carisma de mi padre y de cómo conectaba de forma instantánea con todas las personas que interactuaba, no solo con las mujeres. Todo los que lo conocían y eran cercanos a el, comentaban que era un amigo muy leal, un gran hombre y siempre estaba rodeado de muchas personas. Desgraciadamente, nunca fui testigo de esa parte de su vida. Pero en su último día aquí en la tierra, todas esas historias resultaron ser ciertas. Me sorprendió ver la iglesia completamente llena. Muchos asistentes permanecieron de pie durante la misa; ni el clima ni el hecho de que fuera día festivo impidieron que sus familiares y amigos le dieran el último adiós. Me habría encantado conocer a mi padre como lo conocieron sus amigos y el resto de la familia.

Cuando llegamos al cementerio, abrieron el ataúd por última vez para que todos pudiéramos despedirnos. Cuando llegó mi turno, me incliné hacia él y le susurré: "Nunca te perdonaré que fuiste un extraño para mi y me robaste la experiencia de saber lo que se debe sentir al ser amada y criada por mi padre". No podía creer que estas fueron las palabras que pronuncié en ese momento. Debió ser por la decepción y el dolor porque nunca llegué a experimentar el calor y la protección que un niño debe sentir en los brazos de su padre; ahora, ya era demasiado tarde. Le di a mi padre un último beso, uno de los muchos que tenía guardados para él, un beso que esperaba le hubiese encantado recibir por parte de su niña.

Al alejarme, me pregunté si realmente lo había perdonado. Descubrí que mi respuesta era; no. Aún necesitaba aprender la definición y los requisitos a la hora de extender el perdón. El perdón implica más de lo que yo creía en un principio. Consta de dos partes. En primer lugar, debo perdonar a la persona que me ofendió y me hizo daño; esta parte aborda el resentimiento y la ira, emociones con las cuales estoy demasiado familiarizada. Y esto, como la mayoría de nosotros sabemos, muchas veces, no es fácil. Después de esto, la segunda parte es perdonarme a mí misma por mi comportamiento. Fui irrespetuosa, grosera y, a veces, mala con él. Pasaron años desde el fallecimiento de mi padre hasta que me di cuenta de que había adquirido todas las emociones negativas a causa de su ausencia, y esto se convirtió en un impedimento para comprenderlo a él, su vida y sus razones para tomar decisiones que me hicieron daño. Nunca sentí empatía hacia él; ¿cómo iba a sentirla? Entender a mi padre fue crucial para conectar con su dolor. Al fin descubriría la compasión que nunca había sentido por él ni por mí misma.

Un atributo esencial de la capacidad de Dios para extender el perdón eterno, aparte de Su amor y gracia incondicionales e inquebrantables, es que Dios primero nos comprende y se conecta con nosotros. Por lo tanto, Él gobierna desde un lugar de compasión hacia Sus hijos. Cuando acudí al Señor, suplicando perdón, Su atención se centró en la hija, que necesitaba Su amor y misericordia. Aunque viajé lejos de casa, Él ignoró mis defectos, errores y pecados y me recibió con los brazos abiertos, como en la parábola del padre y el hijo pródigo. Dios celebró mi regreso, en lugar de señalar el dolor y la decepción que le ocasioné.

En ese momento, encontré la clave que me había faltado todos estos años. Nunca intenté relacionarme con mi padre de la única forma posible: como un ser humano imperfecto y quebrantado, igual que yo. Juzgué a mi padre y me costó perdonarle. Pero Dios me recordó que tenía que enfocarme en su lado humano. Al fin y al cabo, es lo que todos tenemos en común y lo que nos une. Dios me abrió los ojos e hizo hincapié en que practicando la empatía es como podemos extender la compasión. Una vez que esto ocurrió, fui capaz de perdonar a los demás genuinamente. Esta práctica también me beneficia a mí. Solía creer que no era digna de perdón, pero nunca perdí la esperanza de que las personas a las que herí trataran de comprender lo que yo había pasado. Todos desempeñamos distintos papeles a lo largo de nuestra vida. Separar a la persona de su papel es crucial, porque es la única manera de adquirir la tan necesaria compasión.

Por fin vi a mi padre como un ser humano con sus propias inseguridades, en busca de amor y aprobación, al igual que yo. Después de años de criticarlo, por primera vez pude identificarme con él. Hay una cosa que sabía de su vida pero que había olvidado: su padre también lo abandonó. Era extraño, pero nunca había establecido la conexión que compartíamos con la ausencia de un padre hasta ese día. La diferencia es que él era mayor cuando su padre se fue. Por lo que escuché, fue una mañana como cualquier otra; mi abuela preparó el desayuno, y él se fue a trabajar y nunca regresó. Nadie volvió a verlo ni a tener noticias suyas. Mi padre y sus hermanos estuvieron buscándolo durante mucho tiempo, e incluso contrataron a alguien para que lo buscara, pero fue en vano. Al igual que yo cuestionaba su ausencia, él sin duda hacía lo mismo por el abandono de su padre. Siempre me pregunté por qué mi padre no quiso formar parte de mi vida. El día que le miré por última vez, tendido en su ataúd, supe que nunca tendría la respuesta, pero ahora sé que la forma en que reaccionamos ante lo que vivimos, no es predecible ni específica. Son muchos los factores que influyen en nuestras decisiones en un momento determinado. Una vez que comprendí a mi padre, pude relacionarme con él y perdonarle. Por fin, estoy en paz.

Asumir la responsabilidad de mis actos fue más fácil de lo esperado gracias a la reconfortante idea de que Dios me comprende. El entorno en el que crecemos nos marca a todos. A pesar de nuestra crianza, todos estamos tratando de hacer lo mejor que podemos. El dolor y el resentimiento que me causó la ausencia de mi padre fueron las primeras cosas que Dios abordó cuando emprendí este proceso. Creo que mi padre nunca tuvo la menor idea de que sus decisiones y acciones, tuvieron un efecto tan devastador en mí. Estoy segura de que nunca tuvo la intención de hacerme daño; simplemente sucedió así. Por desgracia, murió antes de que ninguno de los dos nos disculpáramos.

Desgraciadamente, habrá ocasiones en las que perdemos la oportunidad de disculparnos o perdonar a alguien, como en mi caso con mi padre. Después de que falleció, pude encontrar paz y consuelo cuando entendí lo importante que es empatizar con las experiencias de otras personas. El solo mirar las cosas desde mi perspectiva me impide conectar con quienes han sufrido al igual que yo. Resulta imposible saber cómo reaccionará alguien ante lo que ha vivido, pero podemos intentar relacionarnos con su experiencia. La comprensión y la compasión son esenciales para practicar la bondad y crear un puente que nos permita conectarnos con los demás. Es la única manera de iniciar el proceso de sanación y seguir adelante. Cada uno de nosotros tiene un recorrido único, y son muchos los factores que determinaran como respondemos a lo que nos ocurre. Me consuela saber que la gracia de Dios se aplica a todos nosotros, porque sólo Él sabe por qué las cosas suceden como suceden. Doy gracias por haber dejado atrás la ira y el resentimiento que me robaron la paz durante muchos años. Nunca es demasiado tarde para cerrar un capítulo.

Como mencioné antes, el lamento es una emoción poderosa que me impedía avanzar. Hubo varias relaciones que me causaron decepción, ira y dolor, que me llevaron a descubrir que a la persona a quien necesitaba comprender para poder perdonar, era a mí misma. Luchaba con la culpa y los remordimientos por haber hecho daño a las personas que amo. Y con respecto a la persona responsable de haberme introducido al miedo con el que he vivido la mayor parte de mi vida, lo perdonaba demasiado rápido. Mi psicóloga dirá que hablo desde mi estado codependiente; puede que tenga razón, ya que yo no soy la profesional. La verdad es que, a veces, me cuesta trabajo distinguir entre mis anteriores tendencias codependientes y cuando actúo con auténtico amor y compasión hacia los demás. Quiero pensar que cuando quiero ayudar a los demás, es un reflejo de mi carácter y de la bondad de mi corazón, que me permite reaccionar con amor y preocupación por el bienestar de mi prójimo.

Uno de mis mayores lamentos tras vivir en una relación sumamente tóxica, fue que llegó un punto en el que conscientemente, me propuse infligir dolor a la persona que me hizo daño. Jamás podré recuperar ni las terribles palabras pronunciadas, ni el tiempo que perdí. Hoy en día, lo que me ayuda a encontrar paz es saber que Dios no desaprovecho ninguna parte de mi experiencia y también me ayuda a aceptar que hay una razón para todo lo que nos sucede.

En el pasado, utilicé las palabras para herir a mis seres queridos. Pero a pesar de ello, Dios me eligió para escribir este libro. Me siento honrada y eternamente agradecida por la oportunidad que me ha brindado de revertir parte del daño que causé. Este libro es más que una colección de palabras; es una oportunidad de compartir mi trayectoria, en la que descubrí el olvidado pero poderoso significado de la redención. Sin duda, seguiré enfrentándome a pruebas y desafíos que traerán consigo dolor y decepción. No obstante, Dios me recuerda que, si permanezco fiel, puedo superar, soltar y seguir adelante. Dios anhela darme esperanza.

En medio de todo el caos de mi vida, no conseguía mantener la esperanza. Solía incomodarme el cambio, pero estaba a punto de descubrir que no todo el cambio es negativo. En el lugar donde crecí, tuve la suerte de experimentar las cuatro estaciones del año de las que aprendí en la escuela. Aunque nos perdemos la gama de colores de las hojas aun así sabia que se acercaba el otoño. La transición me parecía emocionante. Sabía que aunque el frío o el calor eran desagradables, no durarían para siempre, y que la siguiente temporada llegaría ofreciéndonos el alivio esperado. He leído que las estaciones definen nuestras vidas, y cuando todo a mi alrededor empezó a cambiar, me di cuenta de que esto era cierto. Tuve la certeza que mi vida no volvería a ser la misma.

Al igual que las estaciones, repentinamente nos encontramos entrando en la siguiente, estemos preparados o no. Me empeñaba en evitar el cambio; me daba miedo perder lo que me era familiar, aunque para ello tuviera que sacrificar mi bienestar. A medida que nos aproximábamos al final de nuestra relación, llegué a un punto en el que por fin, todo se sentía diferente. Ya no tenía la menor idea de qué hacer. Pero sí sabía que había llegado el momento de sanar y encontrar la paz. Me cansé de tratar de impedir que se produjera el cambio. Estaba a punto de entrar en la estación otoñal de mi vida.

El otoño siempre había sido la estación que menos me gustaba. Me causaba tristeza ver cómo los árboles pierden sus hojas abruptamente, despojados de su belleza y robusta presencia. Parece que de un día para otro pasamos de los largos, calurosos y soleados días de verano, con las plantas floreciendo y mostrando sus bellos colores, a un cambio drástico. Ahora muestran un aspecto diferente y vulnerable al quedar expuestas al clima imprevisible. No hay garantía de que en la próxima primavera vuelvan a florecer. En nuestro jardín frente a la casa había un hermoso mezquite. Estos árboles crecen en condiciones de intenso sol y calor. El desierto de Arizona experimenta cambios climáticos severos: hace un frío inesperado en invierno. Los mezquites son resistentes y pueden soportar temperaturas bajo cero.

Un invierno en especial, nos recordó las temperaturas extremas que podemos experimentar. Tuvimos una de las noches más frías, donde las temperaturas bajaron tanto que invitaron a un espeso manto de nieve. Me preocupé por las plantas, sobre todo por las que creía que no aguantarían la temperatura frígida. Mi atención se enfocó en una hermosa y enorme palmera, que era el elemento central de nuestro paisaje. Aquel invierno parecía decidido a hacer honor a su nombre; fue uno de los más fríos que he vivido. Estaba ansiosa por que llegara la primavera para ver cómo volvería a cobrar vida el paisaje durmiente y sin vida. Sin embargo, el mezquite tardaba más de lo habitual en abrazar el acogedor clima primaveral. Por desgracia, no sobrevivió a la helada invernal. Hubo que cortarlo y convertirlo en leña para el próximo invierno.

Nunca plantamos otro árbol. Habíamos hablado de reemplazarlo, pero aún no lo habíamos hecho. Me sorprendió que la palmera, que no esperaba que sobreviviera al crudo invierno, volvió a crecer de forma majestuosa. Un par de años después, me di cuenta de que donde estaba el viejo mezquite crecía una palmera. Era extraño; brotó por sí sola. Teníamos intención de plantar otro mezquite, pero decidimos dejarla cuando la descubrimos. Recientemente, al pasar por la que solía ser nuestra casa, me maravillé al ver que la palmera no planeada ni invitada, había crecido tan alta, fuerte y hermosa como la original. Me estacioné y me quedé admirándola, dándome cuenta de la correlación que tiene con mi vida.

Durante mi temporada de otoño, en lo único que me enfocaba era en el cambio provocado por la inmensa pérdida que estaba experimentando. Me preocupaba cómo mi entorno familiar se vería afectado. Dudaba si podría sobrevivir al invierno al que me encaminaba. En esos momentos oscuros e indefinidos, no consideré la posibilidad de un paisaje diferente, pero igualmente bello. Mi intento de prevenir el cambio eclipso la posibilidad de recordar como Dios tendrá todo el control en cuanto yo se lo entregue. Él ya tenía planes para mi paisaje; Él fijó Sus ojos en la próxima primavera, donde sólo lo más resistente sobrevivirá. Cedí y le entregué el control absoluto del nuevo diseño de mi vida. Fue un reto dejar ir y aceptar que algunas personas no debían permanecer en mi vida por varias razones. Al igual que el árbol de mezquite no llegó a la siguiente primavera, lo mismo se aplica a ciertas personas en mi vida; no llegarían a la siguiente estación.

Cuando Dios comenzó su obra en mí, la transformación fue inevitable, al igual que cuando entramos en cada estación. Sin embargo, esta vez miré a través del lente de Dios, Él me mostró cómo se ve la esperanza en medio del cambio y la incertidumbre, y ahora veo las cosas con una nueva perspectiva. El otoño se convirtió en mi estación favorita. Cuando me asomo a la ventana, oigo el susurro del viento, que insinúa que el cambio está cerca. Empiezan a aparecer indicios sutiles, las hojas se juntan y giran mientras realizan su último baile, la luz de la mañana es un poco más suave y tenue a medida que entra suavemente por las grietas. Los árboles luchan por aferrarse a sus frágiles hojas, pero el persistente viento gana la batalla. La cálida y generosa sombra que proporcionaban ya pertenece al pasado.

Por fin, el paisaje, cediendo al frío invierno que se avecina, parece carecer de vida durante los próximos meses. Entonces, inesperadamente, los pájaros se despiertan con la calidez del sol matutino y comienzan a anunciar con su melodía sincronizada, que hemos vuelto a sobrevivir a otro invierno. Y así, sin más, la vida se reintroduce y el paisaje pronto vuelve a florecer. Resulta que tenía razón; mi vida ha cambiado para siempre. No hay forma de prevenir el cambio ni de evitar la incertidumbre que trae consigo el vacío inesperado que se produce. Nunca imaginé el impacto que tendría en mi vida. Y aunque mi paisaje tiene un aspecto diferente y experimenta cambios constantemente, le doy la bienvenida. Agradezco a Dios que esté a cargo del nuevo diseño. Él me ayudó a enfocarme en la próxima primavera. El Señor planeó revivir y restaurar lo que había previsto para bien y reemplazar lo que se había perdido.

Algo nuevo siempre florecerá y crecerá, sin planearlo ni invitarlo, como la palmera. Brotó y llenó el vacío que dejó su antecesor. Dios puede ver más allá de lo que yo puedo ver, y como Él creó el modelo de las estaciones, sólo Él sabe que lo que me espera es mucho mejor que lo que quedó atrás. El Señor no garantiza que estaré libre de los retos que traen consigo los nuevos desafíos. Sin embargo, Él promete permanecer fielmente a mi lado y asegurarme que saldré adelante. Al confiar en Él, dejé atrás el pasado y me encaminé hacia una vida mejor. Y así entre a mi nueva estación. Creo que la frase de este capítulo nos revela como Dios define el concepto de la esperanza, que, por lo visto, es el remedio para el lamento.

Nota para el lector: Recuerda...
Mantener La Esperanza

Hay muchas cosas en la vida que resulta más fácil decirlas que hacerlas. Mantener la esperanza durante etapas difíciles y dolorosas es, sin duda, una que sobresale para mí. Es fácil desanimarse cuando solo nos enfocamos en el pasado porque la única opción es aceptarlo. No podemos cambiarlo ni retractarnos de las palabras o acciones que infligieron dolor a nuestros seres queridos. Sobre todo si el momento de pedir disculpas ha expirado, como me ocurrió a mí al fallecer mi padre. En tales situaciones, surge el lamento, y es preciso encontrar la posibilidad de una reconciliación al respecto. Cuando todo está oscuro, cuando prevalece la ausencia de esperanza y no vemos el final de nuestro dolor y sufrimiento, debemos recordar que hay que mantener los ojos en el Señor, porque Él tiene las respuestas que buscamos. Es importante ver la vida a través del lente de Dios. Sus ojos están fijos en la próxima primavera. Debemos tener la certeza de que Dios tiene la intención de darnos esperanza en tiempos difíciles. Sin embargo, hay que estar preparados para el cambio, porque es, sin duda, una parte esencial del plan que tiene para nosotros. Cuando por fin nos rendimos, no debemos olvidar que estamos en manos del artista más increíble. Y mientras nos maravillamos con nuestro nuevo paisaje, aunque será diferente, también es perfecto y más hermoso de lo que jamás podríamos imaginar. El propósito de Dios al enviar esta poderosa frase nos recuerda que volveremos a descubrir la esperanza si nos atrevemos a mirar a través de Su lente.

CAPITULO 7

Agradecimiento

Ama a los demás como YO *te he amado.*

Y este es mi mandamiento: que se amen los unos a los otros como yo los he amado.

—*Juan 15:12, NVI*

Cuando leí esta frase por primera vez, me llevó a reflexionar sobre el amor de Dios. Nunca he cuestionado su amor por mí, pero me di cuenta de que nunca había pensado en qué forma me ama. Han pasado casi cinco años desde que comencé a escribir el libro. Fue un reto para mí en muchos aspectos. Me sentía abrumada, ya que no tenía experiencia como escritora y creía que Dios se había equivocado al enviarme el mensaje. Además, revelar ciertas partes de mi vida era aterrador, vergonzoso y algo que jamás pretendí hacer. La frase de este capítulo es una escritura bíblica, y comprendí que Dios quiere enfatizar su importancia.

A menudo decimos que los tiempos de Dios son perfectos, y al llegar al final de este recorrido, estoy totalmente de acuerdo. Él sabía que yo regresaría a su lado suplicándole que me sanara. Y, en cada capítulo, respondió a mis oraciones, sanándome sin juzgarme, recordándome que, aunque me había alejado de casa, Él esperaba pacientemente mi regreso. Ahora comprendo que el amor de Dios por mí es incondicional y lo abarca todo, incluso cuando cometo errores. Me acepta con todos mis defectos, heridas y debilidades. Su amor es visible, alcanzable y no tiene fecha de caducidad: es eterno.

Antes de emprender mi inesperado viaje, usualmente era yo quien pedía durante mis oraciones. Las cosas cambiaron cuando recibí este mensaje que Dios me envió. Presté más atención y me di cuenta de que Él también tiene peticiones. En la última frase de su mensaje me pide que ame a los demás como Él me ama a mí. Al principio, consideré imposible hacerlo, porque, hasta esta etapa de mi vida, solo había practicado el amor condicional. Lo consideré como un mandamiento y me propuse encontrar el significado de esta forma de amar. A pesar de los relatos de la ira de Dios descritos en la Biblia, está claro que Su actitud hacia nosotros, Sus hijos, se origina de un lugar de amor. No importa cómo nos comportemos, el amor de Dios por nosotros, no puede ser perturbado o influenciado por factores externos. Es un amor puro y sincero que se nos da libremente, sin condiciones. Reflexioné sobre cómo debió de sentirse Dios al saber que yo elegí un camino autodestructivo. Fue entonces cuando comprendí que la prueba más significativa del amor incondicional de Dios, es que me dio vida y la libertad de tomar mis propias decisiones. Lo único que recibí cuando regresé a casa, fue el calor de Su amor. Me recibió de nuevo en su presencia y me sanó.

A lo largo de mi vida, he lastimado a personas a las que amo, incluyendo a mis hijos. Esto ha dado lugar a la ruptura de algunas relaciones significativas que aún no he podido reparar. Aunque lo ideal sería estar cerca de mis seres queridos, estoy siguiendo el ejemplo de Dios y les doy libertad sin dejar de amarles cada día, aun a través de la distancia. Respeto su decisión, pero esto no minimiza mi deseo de que algún día nos reconciliemos y tengamos una relación sana y hermosa. El perdón es un proceso complicado, y todos aplicamos distintos criterios. Algunos desearemos restablecer una relación, mientras que otros perdonarán y seguirán adelante. Debo respetar y aceptar su elección. Y ruego por que un día puedan encontrar en su corazón, la forma de perdonarme y podamos recuperar el tiempo perdido. Las siete frases de este libro me han ayudado a encontrar paz, gratitud y felicidad, a pesar de los vacíos y fragmentos que todas estas experiencias han provocado en mi vida. El Señor me ha perdonado. Y no existe nada mejor que eso. Se lo entrego todo a Él porque se que me ayudará a aceptar el resultado, sea cual sea.

Al hacer un repaso de mi vida, me doy cuenta de cuánto tiempo pase tratando de demostrar mi punto de vista, viviendo ofendida, molesta y con la creencia de que los demás me debían algo. No estar cerca de algunos de mis seres queridos me ha creado conciencia de lo frágil que es nuestra vida, lo cual me permite ver las cosas con otra perspectiva. Ahora intento vivir mi vida con menos remordimientos. Practico la gratitud e intento no desperdiciar ninguna oportunidad de pasar tiempo con mis seres queridos. Nunca pierdo la oportunidad de

AGRADECIMIENTO

decirles cuánto los amo y procuro ser generosa. Mi objetivo final es dejar un impacto positivo que perdure en las personas a las que amo, para que me recuerden con una sonrisa cuando ya no esté.

La vida es un valioso y singular regalo que debemos apreciar cada día. Parece un libro de cuentos que se desarrolla a cada instante, y el tiempo no espera a nadie. Es preciso aprovechar cada momento, estar presentes y crear el mayor número posible de recuerdos. He conocido a muchas personas admirables a lo largo de mi vida y mutuamente hemos aprendido valiosas lecciones. Sin embargo, no puedo negar que mi persona favorita en todo el mundo es mi nieto Myles. Hay algo extraordinario en cada niño. A medida que avanzamos en la vida, perdemos nuestra inocencia infantil, pero creo firmemente que estamos más cerca de Dios durante estos años de formación, y por eso nuestra pureza es tan intachable. Sin saberlo, Myles me enseñó la lección más valiosa: que nacemos con la capacidad de amar.

Fui a visitar a mis hijos y a mi nieto a Phoenix. Durante nuestras visitas, Myles y yo siempre nos dedicamos a diversas actividades, desde jugar y comer sus golosinas favoritas hasta ver películas. El tiempo que paso con él es muy valioso, y siempre me apetece dedicárselo. Reflexionando sobre mis años de maternidad, me arrepiento de no haber apreciado plenamente el verdadero valor del tiempo y de no haber creado más momentos inolvidables con mis hijos cuando eran pequeños. Por eso, estoy decidida a estar presente y disfrutar de cada momento con el. Hago cualquier cosa para que se sienta feliz y amado; estos momentos que pasamos juntos no tienen precio.

Una de tantas noche, estábamos solos en casa y yo lavaba los platos mientras él jugaba con sus juguetes en su habitación. Vino corriendo a la cocina y me preguntó si quería colorear con él, que era su actividad favorita. Acepté encantada y nos sentamos en la sala. Era reconfortante ver lo entusiasmado que estaba con las cosas tan insignificantes. Sacó su amplia colección de crayones y libros e insistió en elegir el dibujo que yo iba a colorear. Nos sentamos juntos y nos enfocamos en nuestras obras de arte. Lo observé concentrarse y delinear cuidadosamente a su superhéroe favorito. Fue un momento precioso. Me sentí muy feliz de pasar tiempo con él.

Inesperadamente y sin interrumpir el baile que se estaba produciendo entre su crayón y el papel, me dijo: "Nana, te amo, Nana".

Y justo así, cuando pensaba que este momento no podía ser mejor, escuché la voz más dulce decir las palabras más poderosas: este hermoso niño creó el momento perfecto. Me conmovió más allá de las palabras. Me emocioné y, mientras contenía las lágrimas, le pregunté: "¿Sí, me amas?".

Y él respondió: "¡Sí! Te amo".

La forma en que respondió a mi pregunta, rápidamente y con seguridad, me hizo preguntarme si acaso a su corta edad, entendía lo que acababa de decirme o el significado del amor. ¿Por que me dijo que me amaba?

AGRADECIMIENTO

Con curiosidad le pregunté: "¿Myles, cómo sabes que me amas?".

Y muy campante, se volvió hacia mí y me dijo: "No sé porque. Sólo se que te amo".

Su respuesta me pareció adorable. La inspiración que sintió para decirme que me amaba fue tan tierna. No le di más importancia. Guardé este hermoso momento en mi baúl de los recuerdos.

Escribir sobre el amor es complicado, mas aún, cuando no se ha experimentado el amor incondicional. A estas alturas de mi vida, no sé si algún día lo experimentaré. Sin embargo, me basta con saber que el Señor me ama así. Una noche, cuando buscaba inspiración, y contemplaba la pantalla en blanco, sin saber qué escribir, recordé mi conversación con Myles y llegué a esta conclusión sobre el amor: aquella noche, Myles expreso su agradecimiento en forma de amor. Estaba agradecido de que yo le presté toda mi atención en ese momento, pero no sabía expresar lo que quería decir. En lugar de decir gracias, me dijo: "Te amo". Mi nieto me enseñó que la gratitud es un componente fundamental del amor. Y que el amor es la única emoción que Dios ha puesto en nosotros. La única manera de conectar y expresar este regalo llamado amor es cuando estamos genuinamente agradecidos.

Durante mi viaje introspectivo, reflexioné profundamente sobre mis experiencias de vida. Y he llegado a un eterno estado de gratitud por el beneficio y la bendición de ser hija del Dios todopoderoso. La mejor manera de cultivar la gratitud es recordando el precio que Jesús pagó en la cruz. Me comprometo a amar a los demás como Dios me ama a mí. Reconozco que no es fácil, pero lo que me ayuda es mirar a través del lente de Dios. Aunque nuestras creencias pueden diferir, para mí Dios es la fuente suprema y la encarnación del amor, y sólo en su presencia podremos comprender genuinamente su esencia.

Llegar al último capítulo me llena de inmensa alegría. Al principio, me sentía presionada para hacerle justicia a mi historia y que Dios se sintiera orgulloso. A pesar de mis dudas, persistí, permitiendo que mi naturaleza imperfecta y pecadora me inspirara, lo cual, resultó ser, el plan de Dios desde el principio. Obedecí su petición y me quite las hojas de higuera, dejando al descubierto todas las áreas que Él necesitaba sanar. El Alfarero comenzó a trabajar en su vasija hasta que estuvo satisfecho. Y con gran orgullo, mostró su obra maestra, lista para cumplir su verdadero propósito. Este libro contiene un relato honesto y sin filtros de mi vida. El resultado es una conexión más profunda con mi Salvador. Dios me ha ayudado a entender quién soy al revelarme quién es Él.

Emprender este viaje ha sido el reto más grande de mi vida, pero también la mayor bendición. Retrospectivamente, he recorrido un largo camino desde que pensé que no existía una razón para vivir. La noche que le confesé al Señor que ya no quería vivir, el Santísimo apareció y se sentó al lado de esta pecadora, igual que en la historia bíblica de la mujer del pozo, que creía estar tan lejos del alcance de Dios y no merecía amor

AGRADECIMIENTO

ni perdón. No supe cómo llamarlo aquella noche, pero ahora sé que Dios me mostró su gracia y su amor incondicional a pesar de mi imperfecta naturaleza humana. Él quería que yo supiera que Él jamás me había abandonado y que estaba fiel e incondicionalmente a mi lado.

Me siento eternamente honrada y agradecida de que Dios me invitara a recorrer este camino de crecimiento y autodescubrimiento. Aunque he avanzado mucho, sé perfectamente que sigo siendo una obra en proceso, lo cual es totalmente aceptable. Ser consciente y estar presente me ha permitido apreciar todo lo que Dios ha hecho y sigue haciendo por mí. Finalmente, cuando me vaya de este mundo, lo único que me llevaré será la inmensa gratitud de saber que mi vida ha influido positivamente en la de otra persona. Aspiro a dedicar el resto de mi vida a servir a los demás, porque así es como cumpliré mi propósito.

Por último, quiero compartir con ustedes mi visión del cielo. Imagino una magnífica biblioteca con estantes altísimos llenos de innumerables libros. Cada libro contiene la trayectoria de vida de cada uno de los hijos de Dios. Estos libros están cuidadosamente archivados y preservados para la eternidad. En mi mente, veo al Todopoderoso sosteniendo mi libro sentado en su trono de gloria. Estoy de pie ante Él con la cabeza inclinada, abrumada por la emoción mientras lee las páginas llenas de innumerables momentos de alegría, amor y gratitud, por nombrar algunos, así como las que captan mis pecados, dudas y mi vergüenza. Se sienta atentamente, leyendo mi historia, y con una suave sonrisa, el Señor se vuelve hacia mí, me estrecha en un cálido abrazo y me dice: "Bien hecho, mi hija amada. Has cumplido tu propósito. Te doy la bienvenida a tu eterno hogar" Esta imagen me trae una inmensa sensación de paz y esperanza. Sé que al final, todas mis batallas y logros serán reconocidos y celebrados en presencia de mi Creador. Yo antes creía que mi historia no tenía el final de cuento de hadas con el que soñaba. Sin embargo, el Señor me ha mostrado que Su definición de "felices para siempre" es mucho mejor que la mía. No importa lo que me depare el futuro, nunca cambiará el final feliz de mi historia porque descubrí quién es el verdadero y eterno amor de mi vida. Su nombre es Jesús; Él es todo para mi.

Al principio de mi trayecto, me encontraba perdida, convencida de que no pertenecía y de que ya no tenía identidad. Sin embargo, Dios me reveló la importancia de recordar el origen de mi identidad. Descubrí mi nueva definición del éxito cuando recordé a quien pertenezco: Soy hija del Dios todopoderoso y una obra en evolución. Cada uno estamos recorriendo un trayecto único, que, en algún momento, nos debe llevar a tomar el control de los capítulos restantes de nuestra historia. Es esencial recordar que Dios nos creó a su imagen y semejanza; por lo tanto, poseemos su capacidad de amar. Una vez que descubrimos el amor incondicional de Dios, alcanzamos un estado eterno de gratitud. A partir de aquí, nuestras

AGRADECIMIENTO

historias terminarán con un propósito compartido: amar a los demás como Dios nos ama. No olvides que Él está siempre a tu lado, susurrándote: "Recuerda... YO Estoy Contigo".

Nota para el lector: Recuerda... Ser Agradecido

El amor no se encuentra en demostraciones grandiosas, si no en la suma de muchas pequeñas y sencillas acciones. Estamos aquí para cumplir el mandamiento supremo de amarnos los unos a los otros como Dios nos ama. Nuestro deber como humanos es cumplir este propósito. No podemos sobrevivir solos, por más que pensemos que podemos hacerlo. Contemplar imágenes de catástrofes naturales y paisajes devastados por la guerra puede ser un reto. Sin embargo, debemos ser conscientes de lo que nos rodea para cumplir nuestro propósito. Aparte de la devastación que podemos ver en las imágenes, no podemos negar que en ellas se aprecia lo mejor de la humanidad, porque en esos momentos se genera y refleja la compasión de la que somos capaces. En tiempos de tragedia y sufrimiento, el amor que Dios ha puesto en nosotros se manifiesta, y logra unirnos más. Si no alcanzamos este nivel de conciencia, habremos pasado toda una vida sin comprender plenamente la razón de nuestra existencia y el significado de la gracia de Dios. Sé que no siempre es fácil ser agradecidos. En estos momentos es necesario desviar nuestra atención hacia Dios y la cruz, donde queda claro que Él nos ama incondicionalmente a pesar de nuestra condición humana que es imperfecta. Y

AGRADECIMIENTO

esta es la principal razón para vivir en paz y estar agradecidos. Espero que este mensaje te inspire a amar a los demás como Dios te ama a ti.